BÜRGER **GAUCK**

UNTERWEGS MIT
EINEM UNBEQUEMEN
PRÄSIDENTEN

BÜRGER **GAUCK**

Unterwegs mit einem unbequemen Präsidenten, fotografiert von **Christian Irrgang**.

MIT TEXTEN VON **JENS KÖNIG, MICHAEL NAUMANN, FRANZISKA REICH** UND **LISA ROKAHR**

Inhalt

6 *Intro*
Die besten Bilder

18 *Prolog — von Prof. Dr. Michael Naumann*
„Dem Menschen gebührt die Freiheit"

22 *Biographisches Porträt, Teil 1 — von Jens König*
Der Präsident

30 *Bildteil*
Joachim Gauck in Israel, Altenkirchen, Rostock, Rhöndorf, Remagen-Rolandseck, Berlin, Prag, Potsdam, London

68 *Biographisches Porträt, Teil 2 — von Jens König*
Bürger Gauck

74 *Bildteil*
Joachim Gauck in Wismar, Berlin, München, Äthiopien, Italien, Duderstadt, Hamburg, Kolumbien, Brasilien

118 *Biographisches Porträt, Teil 3 — von Jens König*
Ein deutsches Leben

126 *Bildteil*
Joachim Gauck in Berlin, Wustrow, Frankreich, Friedland

164 *Jugend und Europa — von Lisa Rokahr*
„Europa – mehr Mut bei allen"

172 *Bildteil*
Joachim Gauck in Indien, Myanmar, Griechenland, der Türkei, Theresienstadt, Köln, Berlin

208 *Porträt Daniela Schadt — von Franziska Reich*
Das Protokoll muss warten

220 *Epilog — von Christian Irrgang*
Unterwegs mit dem Präsidenten

224 *Impressum*

Intro / Jawaharlal-Nehru-Universität in Neu-Delhi, Indien

Intro / Akropolis in Athen, Griechenland

Intro / *Saaler Bodden hinter Wustrow*

Intro / Schloss Bellevue, Berlin

Intro / Alte Feuerwache, Berlin-Kreuzberg

Intro / *Joachim Gaucks Arbeitszimmer im Schloss Bellevue, Berlin*

— *Prolog*

„DEM MENSCHEN GEBÜHRT DIE FREIHEIT"

Auszug aus einer Rede des Publizisten **Prof. Dr. Michael Naumann** *anlässlich der Verleihung des Ludwig-Börne-Preises 2011 an Joachim Gauck.*

J oachim Gauck, Mitglied der ostdeutschen Bürgerbewegung „Bündnis 90", wurde am 3. Oktober 1990 zum „Sonderbeauftragten der Bundesregierung für die personenbezogenen Daten des ehemaligen Staatssicherheitsdienstes" ernannt. Er wusste, was mit dem neuen Amt auf ihn zukam. Das einschneidende Erlebnis seiner Kindheit in Rostock war die Verschleppung seines Vaters in den russischen Gulag – ein ganz und gar unschuldiges Opfer geheimpolizeilicher, sowjetischer Rechtswillkür in der Besatzungszone.
Die Stasi unter Erich Mielke blieb über Jahrzehnte hinweg als „Schild und Schwert der Partei" der Tradition des NKWD, bzw. KGB verpflichtet. In einigen Verhörzimmern der Stasi blieb auch nach Stalins Tod das Bild des Tyrannen hängen. In Walter Jankas Memoiren können wir lesen, wie Erich Mielke in der Gefängniszelle des Aufbau-Verlegers und Spanienkämpfers erschien, um ihn persönlich zusammenzuschlagen. In Joachim Gaucks Worten: „Diejenigen, die in den stalinistischen Nachkriegsjahren Jugendliche oder Erwachsene waren, haben gelernt, dass dieser Staat nicht mit sich spaßen ließ, dass er unberechenbar war wie ein absoluter Herrscher und jeden Bürger am helllichten Tag aus der Mitte des Lebens herausreißen, foltern, verurteilen oder sogar töten konnte."

Dass sich in den Jahren nach dem Mauerbau die Verhältnisse änderten, dass ein zivilisierter Umgang staatlicher Behörden mit Dissidenten und Außenseitern vorherrsche, gehört zu den Mythen der Wiedervereinigung, die von den Parteigängern des DDR-Regimes bis heute gepflegt werden. Doch allein im Regierungsbezirk Potsdam sind 150 Menschen bei Fluchtversuchen ums Leben gekommen. Die Stasi wuchs von Jahr zu Jahr zum Moloch an. Über 100.000 angestellte Mitarbeiter des MfS widmeten sich Ende 1989 hauptamtlich der Überwachung und eben auch der Zerstörung von ungezählten Lebensläufen. Noch einmal in den Worten Joachim Gaucks: „Diejenigen, die in Opposition zur SED-Führung standen, die den Mut zur Kritik und zum politischen Engagement aufbrachten, mussten dafür bis auf wenige Ausnahmen große Nachteile und persönliches Leid auf sich nehmen. Was Erich Loest, Reiner Kunze, Freya Klier, Jürgen Fuchs oder Wolf Biermann in Worte fassen konnten, ruht bei vielen immer noch unbewältigt als Stein in der Seele."

Joachim Gaucks Erinnerungen unter dem Titel „Winter im Sommer – Frühling im Herbst" legen Zeugnis ab von einem Leben in bewusstem, christlichen Widerstand gegen Anpassung und gegen die Verlockungen der sogenannten Nischen-Existenz, die seinerzeit noch von Günter Gaus als durchaus praktische Variante jenseits offizieller Indoktrination und alltäglicher Verpflichtung zu staatlichen Treuebekundungen gepriesen wurde. Es gab sie durchaus, und sie war ein Erholungsraum, gewiss, aber auch er sollte schließlich allzu eng werden.

Was im liberalen Westen noch in den 80er Jahren als „blinder Antikommunismus" denunziert wurde, war in Wirklichkeit ein sehender – Joachim Gauck und viele andere haben ihn mit offenen Augen vorgelebt: Die Alltagskosten dieser widerständigen Haltung reichten tief in das eigene Familienleben herein; dass dem Repressionsapparat jemals die Rechnung aufgemacht werden könnte, war jahrzehntelang nicht abzusehen. Und dennoch – in jenen „Nischen" gab es ein Leben, in die man sich aus dem Reglement des Regimes zurückziehen konnte. Für Joachim Gauck war es eine Flucht „in Freundeskreise, in Gemeinden, in Künstlerzirkel, in Abrisshäuser, auf das Land oder in kulturelle Inseln der großen Städte. Nur so wird verständlich, warum der kleine Spielraum und die kleinen privaten Freiheiten, die am Status unserer generellen politischen Abhängigkeit und Ohnmacht nicht rütteln konnten, doch eine große Freude, viel Wärme und Nähe in uns auszulösen vermochten – eben jene Intensität des Erlebens, die wir später in der großen Freiheit vermissten."

Der Pfarrer Joachim Gauck war, wie anders, Objekt der Stasi. In seinen Akten konnte er später lesen, dass er ein „unbelehrbarer Antikommunist" sei. „Die besondere Gefährlichkeit," so notierte einer der fleißigen Stasi-Offiziere, „liegt in der zielgerichteten Breitenwirkung, die er als Stadtjugendpastor auf die Kirchenjugend des Kirchenkreises Rostock-Stadt hat, sowie in seinem anmaßenden und frechen Auftreten." Dass die Kirche der DDR der einzige Ort war, in dem die Staatsmacht – trotz vieler Anstrengungen – an ihre Grenzen stieß, ist in den Jahrzehnten nach der Wende fast vergessen. Doch die Kirche war „insofern oppositionell, als sie die einzige eigenständige und unabhängige, dem Zugriff von Staat und Partei entzogene Institution war, der einzige Ort, wo ein offenes Gespräch möglich war, wo Themen und Meinungen weder tabuisiert und noch zensiert wurden und eine Erziehung zum unabhängigen Denken und Handelns erfolgte."

Es wäre wohl theologisch verwegen, dieses kritische Milieu in einen triftigen Zusammenhang mit den Glaubensinhalten des Protestantismus selbst zu bringen, wenngleich sein Name und seine Herkunft selbst noch den Nimbus des Unangepassten und des Widerspruchs gegen herrschaftliche Dogmen transportiert – wenngleich Martin Luthers Obrigkeitsvertrauen unbestritten ist. Wohl aber gab es in den Kirchen einen Kristallisationspunkt des Widerstands, der im Glauben selbst beschlossen liegt: Wer, wie Joachim Gauck und viele andere eben auch, im Christentum eine höhere Autorität als eine staatliche erlebt und lebt, ist womöglich dem ideologischen Zugriff einer politischen Religion entzo-

— *Prolog*

gen, deren Rituale und Versprechungen sich tagtäglich an den Tatsachen ihres realen Versagens messen muss. Anders gesagt: Die seelischen Trostangebote des Glaubens dürften größeren inneren Halt angeboten haben als die Leitartikel des „Neuen Deutschland". Dass sowohl die jüdische wie die christliche Religion ihren historischen Ursprung im Widerstand gegen die sie umgebende Kulturen hatten, sollte nicht unerwähnt bleiben. Der Sachverhalt, genauer, der Stein des Anstoßes in jener fernen Vergangenheit, ist klar und deutlich in Großschrift in jüdischen Bibeln festgehalten: „Höre, Israel, der Herr unser Gott, der Herr ist einzig." Und noch einen Vorteil hatte die protestantische Kirche der DDR anzubieten: Hier darf selbst an Gott und seiner Gnade gezweifelt werden; für alle politische Religionen des 20. Jahrhunderts hingegen ist Zweifel Anathema. Zumindest einem ihrer Gründungsväter Karl Marx war das bekannt, als er bei Gelegenheit bemerkte, er selbst sei kein Marxist. Ein genialer Rechthaber war er allerdings doch.

Es lohnt sich, nach all' den Jahren heute noch aus einer Predigt Joachim Gaucks auf dem Rostocker Kirchentag von 1988 zu zitieren, da sie den Geist und die Aufbruchsstimmung der DDR in den letzten Jahren ihrer unseligen Existenz zur Sprache brachte: „Wenn Hoffnung echt ist, riskiert sie etwas. Nicht Idylle, sondern Veränderung umgibt sie. Eine Schwester von ihr heißt Unruhe. Bitte erschrecken wir nicht, sondern bedenken wir, wohin uns die Ruhe gegenüber allem Unrecht geführt hat! Die etablierte Christen- und Bürgergemeinschaft muss wohl lernen, ihren Unruhestiftern zu danken. Sie lehren uns: Finde dich nicht ab mit dem, was du vorfindest … nehmen wir Abschied vom Schattendasein, das wir in den Tarnanzügen der Anpassung leben. Also: Die Brücke betreten in das Leben, das wir bei Jesus Christus lernen können!"

Joachim Gauck, so kann man hören, sei ein Freiheits-Pathetiker. Pathos hieß in der antiken Rhetorik die Kunst, mit Leidenschaft zu überzeugen. Es leitet sich allerdings vom Wort „pathein" ab – also von „leiden." Anders gesagt: Wer Freiheit ein halbes Leben lang vermissen musste, darf sie mit Leidenschaft preisen, da ihre schmerzliche Abwesenheit als erlebte Unfreiheit, eben als erinnertes Leiden das Pathos diktiert. Wenn der Staat, so erklären Gaucks Reden, die Zuständigkeit für das ganze Leben seiner Bürger an sich zieht, droht der Freiheit des einzelnen Menschen große Gefahr. Es handelt sich um eine vergiftete, propagandistische und organisatorische Verführung: „Gib mir deine Freiheit, ich gebe dir ein Ziel, den Sinn deines Lebens, du darfst die Zuständigkeit für dein Leben abgeben."

Wir leben in einer Zeit, da die Strahlkraft freiheitlicher, repräsentativer Demokratie mitsamt ihren parlamentarischen, pluralistischen Institutionen zu verblassen droht. Der Rückzug der Bürger in privates Glück, aber auch in politische Resignation ist in vollem Gange. Besorgniserregend ist der Rückgang der Wahlbeteiligung, bestürzend das ethische Verhalten mancher Mitglieder der Wirtschaftselite, völlig neu die Veränderung unseres Kommunikationsverhaltens, schier undurchschaubar die Komplexität des globalisierten Kapitalismus. Die Hektik unserer Regierung zeugt von enormer Nervosität und innerer Ziellosigkeit. Dass in solchen Zeiten die Sehnsucht nach einem charismatischen Führer wächst, der einfache Wege aus dem Labyrinth der seelischen, ökonomischen und wirtschaftlichen Nöte zu kennen vorgibt, sollte uns mit Besorgnis erfüllen. Denn das Erste, was auf diesem Weg verloren ginge, wäre die Freiheit: So viel zumindest sollten wir aus der Geschichte gelernt haben.

Joachim Gaucks Leben, seine Arbeit, sein Reden und sein Schreiben sind einer Tatsache gewidmet, die der polnische Philosoph Leszek Kolakowski einmal auf einen unumstößlich wahren, einfachen Satz gebracht hat: „Dem Menschen gebührt die Freiheit." Wir sollten Joachim Gauck dafür danken, dass er uns nicht erlaubt, diese Wahrheit zu vergessen. Ein Held wollte er nicht sein, sondern ein freier Mensch, und der ist er geblieben. Ach ja, das wollte ich noch sagen: Ein Bundespräsident kann er immer noch werden.

Am 18. März 2012 wurde der ehemalige evangelisch-lutherische Pastor Joachim Gauck mit großer Mehrheit zum elften Bundespräsidenten gewählt.

LETZTE LESUNG Am 24. Februar 2012 liest Joachim Gauck zum letzten Mal aus seinen Erinnerungen. Gauck kündigt an, dass die Lesung aus gegebenem Anlass etwas länger dauern werde. „Aber dafür verspreche ich Ihnen, ich komme nicht so schnell wieder."

I. DER PRÄSIDENT
II. BÜRGER GAUCK
III. EIN DEUTSCHES LEBEN

*Ein biographisches Porträt in drei Teilen – von **Jens König***

Joachim Gauck hat von deutscher Schuld gesprochen, von Massenmord, von Vernichtung. „Was in der Nacht zum 25. März des Jahres 1944 geschah, hier in dieser Stadt, macht uns immer noch fassungslos", hat er gesagt. Soldaten der deutschen Wehrmacht hatten in den frühen Morgenstunden jenes Tages, es war eiskalt, die jüdischen Einwohner der nordgriechischen Stadt Ioannina zusammengetrieben und nach Auschwitz deportiert, 1850 Männer, Frauen und Kinder. Fast alle wurden in den Gaskammern des Vernichtungslagers ermordet. Nach seiner Rede geht Joachim Gauck auf die Zuhörer zu, sie sitzen auf Holzbänken in der Synagoge von Ioannina. Vor einer alten, kleinen Frau bleibt er stehen. Sie schaut zu ihm auf. „77102", sagt sie. Kein Wort, nur diese Zahl. „Ich verstehe", antwortet Joachim Gauck. „Das war Ihre KZ-Nummer."

Die Frau heißt Esthir Cohen, 90 Jahre alt, rotbraune Haare, sie hat Auschwitz als eine der wenigen überlebt. Ihre Eltern und fünf ihrer Geschwister sah sie das letzte Mal auf dem Bahnhof von Auschwitz-Birkenau. Sie hatte gezögert, ob sie heute hierherkommen und dem deutschen Präsidenten zuhören soll. Er spricht schließlich die Sprache derer, die ihre Familie vernichtet haben. In dieser Sprache hat der Präsident sie und die anderen in der Synagoge im Namen seiner Landsleute eben um Verge-

— Biographisches Porträt, Teil 1

bung gebeten, voller „Scham" und „tiefer Trauer". „Verzeihen kann ich", sagt Esthir Cohen, als Gauck vor ihr steht. „Aber nicht vergessen." Sie fängt an zu weinen.
Das ist natürlich der Horror für einen Spitzenpolitiker. Er reist an irgendeinen Ort dieser Welt, trifft ihm unbekannte Menschen, das Protokoll schreibt dafür höchstens zwanzig Minuten vor, er aber muss so tun, als sei er nur für diese Begegnung gekommen, als sei alles um ihn herum vertraut – und plötzlich ein Ausnahmezustand, Tränen fließen. Was tun?
Der Bundespräsident beugt sich tief zu der zierlichen Frau herunter und zieht sie sanft an sich heran. Seine große Gauck-Hand umfängt dabei ihren Hinterkopf. Einen schier ewigen Moment lang hält der Präsident sie so fest. Als gebe es in diesem Augenblick nur sie und ihn.
Dabei ist Gauck auf Staatsbesuch, um ihn herum wirbeln Bodyguards, Dolmetscher, Protokollbeamte, Fotografen. Wie schafft er es nur, inmitten dieses präsidialen Zirkus Nähe, sogar Intimität zu erzeugen? Ist das antrainiert? Die Erfahrung des früheren Pastors, der gelernt hat, mitzufühlen, für andere da zu sein?
Als Joachim Gauck die Synagoge in Ioannina verlässt, erheben sich die Mitglieder der Jüdischen Gemeinde von ihren Plätzen. Dieser Deutsche hat sie mit wenigen Worten und Gesten zu Tränen gerührt. Einige winken ihm, schier unglaublich, zum Abschied sogar zu.
Wer mit dem Bundespräsidenten unterwegs ist, erlebt viele solcher Momente mit großen Gefühlen. Das ist in der Welt der Realpolitik ungewöhnlich, hier regieren normalerweise kühler Verstand und Selbstkontrolle. Ob Joachim Gauck in Oradour-sur-Glane, einem anderen Ort deutscher Schuld, den französischen Präsidenten in den Arm nimmt, in Neu-Delhi mit indischen Frauen über Massenvergewaltigungen diskutiert oder in Genf mit Menschenrechtsaktivisten aus Eritrea, Sri Lanka und Nordkorea über Unterdrückung und Folter in ihren Ländern spricht – überall gelingt es ihm mühelos, die Distanz, die ein Staatsoberhaupt zwangsläufig erzeugt, zu überbrücken, die richtigen Worte zu finden, Anteil zu nehmen. Scheinbar wie von selbst fließen dann die Emotionen, auch Tränen, selbst beim Bundespräsidenten.
Der Mann ist ein Herzensöffner. Er versteht Gefühle als Verstärker von Politik. Er glaubt, dass sie Verhärtungen aufbrechen können.
Es ist allerdings nicht immer von Vorteil, dass ihm diese Fähigkeit selbst am meisten zu gefallen scheint. Manchmal führt es dazu, dass Joachim Gauck ganz ergriffen von seiner eigenen Wirkung ist. „It touched my heart", sagt er dann, nahe am Kitsch, nach diesen Begegnungen im Ausland, die ihm ans Herz gehen.
Seine Gesprächspartner jedoch stört das offenbar nicht, sie reagieren auf den deutschen Präsidenten mit großer Zuneigung. „Hier kam ein Mensch, kein Politiker", sagte Moses Elisaf, Vorsitzender der Jüdischen Gemeinde von Ioannina. Die indische Bürgerrechtlerin Karuna Nundy nannte Gauck bei einem Treffen in Neu-Delhi den „deutschen Mandela". Und die birmesische Volksheldin Aung San Suu Kyi bemerkte nach einem Gespräch mit ihm: „Wenn du etwas am eigenen Leib erlitten hast, worunter andere Länder gerade leiden, dann entsteht bei dir mehr als nur Sympathie – nämlich Mitgefühl."
Sogar die deutschen Fußball-Nationalspieler waren von ihm angetan, als er sie nach dem Sieg im WM-Endspiel von Rio gemeinsam mit der Bundeskanzlerin in der Kabine besuchte. Sie riefen nicht nur „Angie! Angie!", sondern auch „Präsi! Präsi!".

SCHULD UND SÜHNE „Ich schäme mich, dass Menschen, die einst in deutscher Kultur aufgewachsen sind, zu Mördern wurden." Joachim Gauck in Lyngiades, wo 1943 die Wehrmacht 82 Frauen, Greise und Kinder ermordet hatte. Auf dem oberen Foto Esthir Cohen, die Auschwitz überlebt hat.

Biographisches Porträt, Teil 1

Joachim Gauck hat etwas, das seine Mitmenschen berührt. Es scheint keine besondere Eigenschaft zu sein oder eine spezielle Begabung. Sondern Gauck. Eine gereifte, unverstellte, angstfreie Persönlichkeit. Ein Mann von 74 Jahren, dessen Leben sich mit tiefen Falten in sein Gesicht gegraben hat. Der das, was er sagt und tut, nicht aus Büchern kennt, sondern durch seine Biographie beglaubigt: geboren in der ersten deutschen Diktatur, mitten im Weltkrieg; groß geworden und geprägt durch die zweite deutsche Diktatur; beteiligt an der friedlichen Revolution 1989, dieser deutschen Schicksalsstunde, und zwar auf der richtigen Seite der Geschichte. Das erlaubt es ihm, als Präsident „ich" zu sagen, selbst dann, wenn es um Deutschland geht. In seinem Lebensweg verdichtet sich deutsche Geschichte. Das verleiht ihm moralisches Gewicht.

Und macht ihn, den ersten Ostdeutschen im Amt des Bundespräsidenten, zu einer gesamtdeutschen Figur, was bei einem Mann seiner Generation, der 40 Jahre seines Lebens in der DDR verbracht hat, nicht selbstverständlich ist. Gauck aber ist so, wie sich viele Westdeutsche einen Ostdeutschen wünschen: Er jammert nicht über die Zustände, im Gegenteil. Er lobpreist ihr System, in dem sie groß geworden sind, als Reich der Freiheit und Demokratie. Er bezeichnet den Westen als das Ziel seiner langen Sehnsucht. „Im Gemüt bin ich sicher Ostdeutscher", sagt Gauck, „im Kopf nicht." Indem sich die Westdeutschen in diesen Worten spiegeln, glauben sie, in ihrem geordneten, selbstzufriedenen Leben plötzlich wieder Außergewöhnlichkeit zu erkennen. Das verbindet.

Jetzt, da er im Herbst 2014 zweieinhalb Jahre im Schloss Bellevue sitzt, also die Hälfte seiner ersten Amtszeit hinter sich hat, darf die Frage gestellt werden: Ist Joachim Gauck der richtige Präsident? Tut er der Republik gut? Oder lässt sich der Mann, der in seinem Leben kein professioneller Politiker mehr werden wird, von seinen Emotionen zu falschen Sätzen und Entscheidungen hinreißen?

Als Christian Wulff, Gaucks Vorgänger, ein paar Monate vor dem Jubiläum behauptete, sein Rücktritt sei falsch gewesen, er wäre heute immer noch der Richtige im Amt, da schwieg die Öffentlichkeit peinlich berührt. Niemand stimmte zu. Das konnte man auch als Antwort auf die Frage nach Gaucks Qualitäten lesen.

Joachim Gauck fühlt sich im Schloss Bellevue längst zu Hause. Die kleine Tür, die sein Arbeitszimmer mit dem Amtszimmer des Präsidenten verbindet, öffnet sich, Gauck tritt ein, unter seinen Füßen knarrt das Parkett, er lässt seinen Schreibtisch links liegen, geht zum Besprechungstisch und lässt sich auf einen gepolsterten Stuhl fallen. Hinter ihm hängt ein Gemälde von Canaletto, ein Panorama von Dresden, sein Vorgänger hat es ausgesucht, und Gauck hat es hängen lassen. „Canaletto geht immer", sagt er trocken. Vor ihm eine Kanne mit schwarzem Tee, eine weiße Porzellanschale mit Keksen, alles sehr präsidial angeordnet, als dürfe es nicht benutzt werden, damit die Ordnung nicht verlorengeht. Das Amtszimmer ist riesig, man könnte sich leicht darin verlieren.

„Wissen Sie eigentlich, dass ich zu einem Viertel Sachse bin?" Joachim Gauck, untypisch für einen Mecklenburger, legt unvermittelt los. Bloß keine Kunstpause entstehen lassen, die den Raum mit präsidialem Weihrauch füllt. „Der Mann, von dem sich meine Großmutter Antonie hat scheiden lassen, war ein Apotheker aus Dresden. Das ist allerdings schon alles, was ich von ihm weiß. Meine Großmutter hat nie von ihm geredet. Selbst das Geheimnis, warum sie sich von ihm scheiden ließ, hat sie mit ins Grab genommen."

Biographisches Porträt, Teil 1

„Ich mache vermutlich mehr, als ich ohne das Amt in diesem Alter gemacht hätte. Aber es geht mir damit besser, als wenn ich mir mein Rentnerdasein als immerwährende Freizeit vorstelle."

JOACHIM GAUCK

Joachim Gauck lächelt. Wie er da sitzt im grauen Anzug, zurückgelehnt, das Gesicht entspannt, wirkt er zufrieden mit sich und der Welt. Es ist Anfang März 2014, fünf Wochen zuvor hat er in München eine ihm wichtige Rede über Deutschlands Rolle in der Welt gehalten, die Reaktionen waren überwiegend positiv. Niemand fragt mehr, was der Präsident in seinem Schloss so macht. Er ist einfach präsent. Er hat, das ist nicht wenig, dem Amt auf ganz unaufgeregte Weise die Autorität zurückgegeben, die seine Vorgänger Horst Köhler und Christian Wulff zerstört hatten.

„Wenn ich morgens aufstehe und mich rasiere, dann bin ich immer noch der Gauck von früher. Aber wenn ich zur Arbeit fahre, bin ich der Präsident. Dieses Amt mit all seinen Möglichkeiten und Begrenzungen anzunehmen, das musste ich erst lernen", sagt Joachim Gauck. „Aber inzwischen fühle ich mich sicher. Dieser Präsident macht keine Neben-Außenpolitik und keine Neben-Innenpolitik, er ist auch nicht für die schöne, edle Politik an sich zuständig. Ich habe immer noch meine eigene Meinung, aber ich vertrete sie mit Zurückhaltung. Ich repräsentiere jetzt das Land. Dabei ist es durchaus hilfreich, dass ich so alt bin, wie ich bin. Mit 40 wäre der Reiz, auszubrechen, etwas Besonderes zu wagen, wahrscheinlich größer gewesen."

Ein gelassener Joachim Gauck im Preußenschloss – kein ganz einfacher Weg bis hierhin. Seine größte Sorge war ja, Präsident zu werden und sich selbst dabei zu verlieren. Im goldenen Käfig zu sitzen, gefangen vom Protokoll, gelenkt von seinen Beamten, seiner Stärken beraubt: eigenwillig zu denken, angstfrei zu reden, seinen Gefühlen freien Lauf zu lassen. Diese Auseinandersetzung des Bürgers Gauck mit seiner neuen Aufgabe hatte schon leicht zwanghafte Züge. Manchmal begehrte er auch auf, weil ihn das Amt einschüchterte.

Bei seiner ersten großen Auslandsreise nach Israel im Mai 2012 war das ganz gut zu beobachten. Da wurde Joachim Gauck von Journalisten gefragt, ob er nach fünf Jahren noch einmal zur Wahl antreten werde. Der Präsident verwies auf sein Alter und sagte offenherzig, es werde bei einer Amtszeit bleiben. Plötzlich tauchte der Chef des Präsidialamtes hinter seinem Rücken auf und versuchte, den Präsidentensatz wieder einzufangen: „In solchen Fällen sagt man eigentlich: Die Frage steht jetzt nicht an." Gauck drehte sich um, staunte, beharrte aber auf seiner Antwort: „Ja, ja, meine Leute flüstern mir immer zu, was ich sagen soll. Aber meinen Satz über die Amtszeit haben Sie schon richtig verstanden."

Ein paar unbedachte, kritische Worte über die Kanzlerin, die Relativierung des Wulff-Satzes, dass auch der Islam zu Deutschland gehöre, eine harsche Bemerkung über unsere „glückssüchtige Gesellschaft", die es nicht ertrage, dass es bei Militäreinsätzen „wieder deutsche Gefallene" gibt – die harten Reaktionen auf seine Reden haben Joachim Gauck, dessen größte Stärke es war, gerade nicht als Politiker oder Diplomat ins Amt gewählt worden zu sein, in den ersten Monaten immer wieder verunsichert. Trieb er es mit seiner Unbequemlichkeit, seinem Mutigsein zu weit? Das Nachdenken darüber ließ ihn erst einmal leiser werden. Er wirkte gehemmt.

Auch die körperlichen und psychischen Anstrengungen des Jobs hatte er unterschätzt, die unzähligen Termine, die Deutschlandreisen, die Auslandsbesuche. Er war oft erschöpft. Mittlerweile hat er sich an das Pensum gewöhnt. Das Sofa hinter seinem Arbeitszimmer benutzt er nur selten zum Ausruhen. „Das Gute ist, dass ich trotz meiner 74 Jahre bisher nicht das Gefühl habe einzurosten", sagt er. „Ich mache vermutlich mehr, als ich ohne das

TERMINDRUCK Ein Interview mit zwei Journalisten ist gerade beendet.
Joachim Gauck informiert sich im Amtszimmer über die weiteren Termine des Tages.
Bloß kein Stillstand: „Das Gute ist, dass ich trotz meines Alters nicht einroste."

Amt in diesem Alter gemacht hätte. Aber es geht mir damit besser, als wenn ich mir mein Rentnerdasein als immerwährende Freizeit vorstelle."

Heute versteht er das Präsidentenamt und seine Rolle darin besser. Gauck wirkt in dem Amt – nicht, indem er gegen das Amt kämpft. Er respektiert dessen Grenzen – und bricht sie ab und zu. Seine Reise zu den Olympischen Winterspielen ins russische Sotschi sagte er ab. Viele interpretierten das als mutigen Schritt gegen Putins diktatorische Politik. Eine öffentliche Begründung für seine Entscheidung traute sich Gauck jedoch nicht mitzuliefern.

Im Grunde genommen brauchte der Präsident genau das, was er sonst der Gesellschaft geben möchte: Ermutigung. Den Mut, die eigenen Fähigkeiten zu erkennen und zum Wohle des eigenen Landes einzusetzen, nicht nur zur Befriedigung des kleinen, privaten Glücks.

Das ist ja das eigentliche Thema seiner Präsidentschaft: das große Glück, im besten Deutschland zu leben, das es je gab – und die Erkenntnis, dass das nur so bleibt, wenn sich die Bürger für diese Gesellschaft einsetzen.

„Das Leben ist mehr als nur Konsum", sagt Joachim Gauck. „Es wird schön, wenn ich mich engagiere." Er sitzt vor Schülern der Deutschen Schule in Genf und diskutiert mit ihnen über ihr Land. Er redet gern mit jungen Menschen. Er habe diesen „pädagogischen Eros", sagt er. „Ich möchte, dass die Leute etwas kapieren." Diese Schüler hier sollen kapieren, dass Deutschland mehr ist als die Schuld, die das Land auf sich geladen hat, dass die Bundesrepublik längst aus dem Schatten von zwei Diktaturen herausgetreten ist. „Ihr dürft ruhig stolz sein auf euer Land, darauf, was es nach dem Ende von Krieg und Nazizeit geleistet hat" sagt Gauck. „Ich bin es auch. Ich vertraue meinem Land."

Dieser Satz mag in den Ohren der Schüler selbstverständlich klingen, für Gauck aber, wie für viele seiner Generation, ist er das Resultat einer langen, schmerzhaften Selbstbefragung. Mit diesem Deutschland hat er lange Zeit gehadert. Seit er jedoch erkannt hat, dass sein Land gereift, erwachsen geworden ist, möchte er, dass es sich auch wie ein Erwachsener verhält.

Als er Bundespräsident wurde, nahm er sich vor, eine große Rede über das Selbstbild der Deutschen und ihre neue Rolle in der Welt zu halten. Er dachte, dass er erst zum Ende seiner Amtszeit den Mut dazu aufbringen würde – quasi als Bilanz seiner Präsidentschaft, als Abschlussbericht eines Mannes der Kriegsgeneration. Je öfter er jedoch ins Ausland fuhr, egal ob nach Polen, Indien, Äthiopien oder Frankreich, desto mehr vernahm er die Fragen seiner Gesprächspartner, warum Deutschland sich verstecke, warum es nicht mehr Verantwortung übernehme. In sein Gedächtnis eingebrannt hat sich ein Satz des polnischen Außenministers Radosław Sikorski: „Ich fürchte die deutsche Macht weniger als die deutsche Untätigkeit."

Joachim Gauck sagt: „Wie sehr Deutschland sich verändert hat und damit auch die Ansprüche an unser Land, ist mir im Ausland noch bewusster geworden."

Also hielt er seine Deutschland-Rede früher als geplant, auf der Münchener Sicherheitskonferenz im Januar 2014.

Er verlangte von seinem Land mehr internationales Engagement, diplomatisch, entwicklungspolitisch, menschenrechtlich, aber auch, als letztes Mittel, militärisch. „Es gab für die Nachkriegsgenerationen gute Gründe, misstrauisch zu sein – gegenüber der deutschen Staatlichkeit wie gegenüber der deutschen Gesellschaft", sagte Joachim Gauck. „Aber die Zeit dieses ganz grundsätzlichen Misstrauens, sie ist vorüber."

Dass ihm seine Kritiker für diese Rede die Pickelhaube aufsetzen und ihn als Kriegstreiber beschimpfen würden, war ihm vorher klar. Es stört ihn nicht. Er will ja die Auseinandersetzung. Willkommen im Ring!

Joachim Gauck legte in der Debatte über deutsche Auslandseinsätze im Frühsommer in einem Interview nach. Er hielt außerdem eine leidenschaftliche Rede, in der er von den Deutschen mehr Engagement in ihrer Flüchtlingspolitik forderte. Er schien die Gesellschaft in ihrem Hang zur Selbstzufriedenheit regelrecht provozieren zu wollen. Wochenlang bestimmte der Bundespräsident – eher untypisch für dieses Amt – die Schlagzeilen. Seine Gegner beschimpften ihn in bislang nicht gekannter Härte als „widerlichen Kriegshetzer" und „Gotteskrieger". Gauck sei dabei, schrieb die „Zeit", ein „politischer Präsident" zu werden.

Ja, dieser Joachim Gauck will ein unbequemes Staatsoberhaupt sein. Wie sagte er bei einer Veranstaltung mit Studenten im Schloss Bellevue? „Ich wünsche Ihnen keinen Präsidenten, der allen recht gibt. Dann würde ich mich selbst nicht mehr mögen."

ÜBER DEN WOLKEN Auf dem Weg von Berlin nach Tel Aviv bittet Joachim Gauck zu einer spontanen Pressekonferenz über den Wolken. „Er spricht druckreif", schwärmen die Journalisten und schreiben jedes Wort mit.

Mai 2012 / Israel

GROSSE GESTE Ein kleines Mädchen mit israelischer Fahne reicht dem deutschen Bundespräsidenten die Hand, führt ihn sicher über den roten Teppich ins Gelobte Land.

— *Mai 2012 / Israel*

OHNE WORTE Joachim Gauck in Begleitung des israelischen Staatspräsidenten Shimon Peres in Yad Vashem. Er liest still im Buch eines SS-Wachmanns aus Auschwitz, scheint die Welt um sich herum vergessen zu haben. Später trägt er sich ins Gästebuch der Holocaust-Gedenkstätte ein (Text rechts).

Mai 2012 / *Israel*

"

„Wenn du hier gewesen bist, sollst du wiederkommen. Zuerst nur: die Flut der Gefühle, erschrecken vor dem Ausmaß des Bösen, mitleiden, mitfühlen, trauern – wegen eines einzigen Kinderschicksals oder wegen der Millionen unschuldiger Opfer.
Und wiederkommen sollst du, weil auch du wissen kannst: Namen der Opfer – wie viele kennst du? Namen der Täter – deutsche zumeist –, Verursacher, Vollstrecker, auch Namen von Schreckensorten wirst du dir einprägen und wirst erschrecken vor dem brutalen Interesse von Herrenmenschen.
So wirst du dann hier stehen, und dein Gefühl, dein Verstand und dein Gewissen werden dir sagen: Vergiß nicht! Niemals. Und steh zu dem Land, das hier derer gedenkt, die nicht leben durften."

"

EINTRAG JOACHIM GAUCK IM GÄSTEBUCH

Mai 2012 / *Israel*

ANPFIFF Mit einer schwarzen Trillerpfeife eröffnet Gauck das Basketballspiel an einer Mädchenschule in Burin – eine von 80 Schulen in den Palästinensergebieten, die mit deutschen Mitteln errichtet wurden. In der Himmelfahrtkirche auf dem Ölberg lauscht er einem Kinderchor.

Mai 2012 / Israel

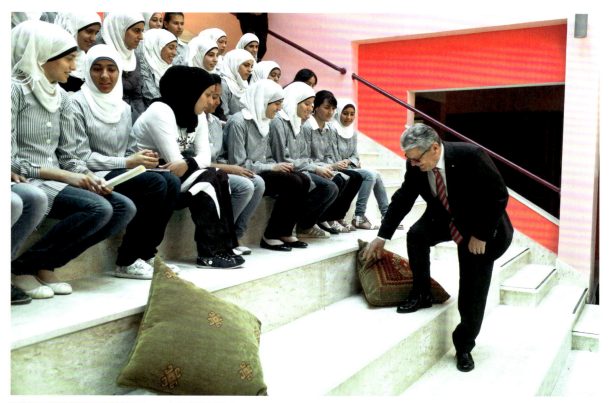

HAHN IM KORB „Eine Schule für Mädchen darf auch ein Bundespräsident nicht alle Tage einweihen", freut er sich und fährt fort: „Ihr seid große Hoffnungen für den Aufbau eines demokratischen Staates in Palästina! Ihr seid die Zukunft eures Landes!"

Mai 2012 / Israel

AUFSTEIGER Joachim Gauck und Daniela Schadt am Ende der erfolgreichen Auslandsreise nach Israel.

WIDMUNG Joachim Gauck signiert in Altenkirchen auf Rügen sein Buch „Winter im Sommer – Frühling im Herbst".

BOOTSMANN Angetreten zum Empfang auf der Fregatte „Rheinland-Pfalz" in Warnemünde.

August 2012 / *Rostock*

August 2012 / *Rostock*

EHRENBÜRGER GAUCK Einst war Joachim Gauck in der Marienkirche als Pastor tätig, am 9. August 2012 erhielt er hier die Ehrenbürgerurkunde. „Sie zeigen der Welt das freie, das mutige, das demokratische Gesicht der Stadt Rostock", lobte Bürgerschaftspräsidentin Karina Jens (links).

FAMILIENZUSAMMENFÜHRUNG „Das, was mein Vater heute so gut kann, die Menschen in den Arm nehmen – das gab es bei uns zu Hause nicht", sagt Christian Gauck, der in Hamburg als Arzt arbeitet. „Diese Zuwendung, diese Warmherzigkeit hätten wir Kinder damals gebraucht." Heute verstehen sich die beiden gut. Auf Christians Nachttisch liegen die Memoiren des Vaters, darin die Widmung: „Ich bin stolz auf dich. In Liebe, dein Vater".

August 2012 / *Rostock*

> *Ich bin das typische Produkt einer Familie, in der die Männer immer unterwegs waren und zu tun hatten. In einer Seemannsfamilie ist das auf ganz natürliche Weise so.*

JOACHIM GAUCK

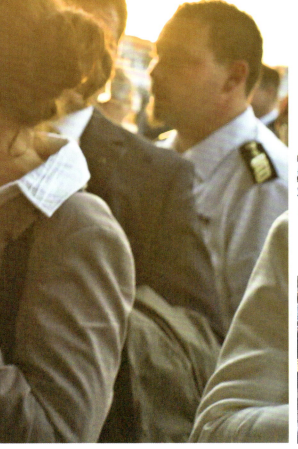

SPURENLESE Joachim Gauck im Arbeitszimmer von Konrad Adenauer in Rhöndorf am Rhein.

August 2012 / Rhöndorf

August 2012 / Rhöndorf

GESCHICHTE HINTER GLAS „Dürfen wir da reingehen?", fragt Joachim Gauck höflich vor dem Pavillon im Garten, in dem Adenauer seine Memoiren schrieb.

August 2012 / Remagen-Rolandseck

PUBLIC VIEWING Der Präsident kommt, und alle wollen ein Bild von ihm. Joachim Gauck und Kurt Beck auf dem roten Teppich in Remagen-Rolandseck.

September 2012 / *Bürgerfest im Schloss Bellevue, Berlin*

SCHLOSSBESICHTIGUNG Nicht nur die Berliner schauen beim Bürgerfest hinter die Kulissen von Schloss Bellevue. Auch die Altpräsidenten Richard von Weizsäcker und Roman Herzog sehen nach dem Rechten.

September 2012 / Bürgerfest im Schloss Bellevue, Berlin

SELFIE MIT PRÄSIDENT Kaum fotografiert, schon bei Facebook? Zwei Besucher im Schlosspark Bellevue.

PRAGER BOTSCHAFT Antrittsbesuch auf der Burg. Erzbischof Kardinal Dominik Duka führt das Präsidentenpaar zum Veitsdom, wo der heilige Wenzel begraben liegt.

Oktober 2012 / Prag

TAFELSPITZ Kleines Mittagessen in der Rudolfsgalerie auf dem Hradschin (Prager Burg).

Oktober 2012 / *Potsdam*

PRIVATAUDIENZ Denker unter sich: Joachim Gauck und Voltaire (links) in stiller Zwiesprache.

Oktober 2012 / *Potsdam*

SPIEGEL DER GESCHICHTE Joachim Gauck bei einer Privatführung durch die Ausstellung „Friederisiko – Friedrich der Große in Potsdam", die rund 300 000 Menschen im Neuen Palais besucht haben.

Oktober 2012 / Berlin

AUFSICHT Joachim Gauck bewundert in der Şehitlik-Moschee in Neukölln die Deckenmosaiken. Für den evangelischen Pastor ist es der erste Besuch eines muslimischen Gotteshauses.

Oktober 2012 / Berlin

PERFORMANCE Erst wurde in der Alten Feuerwache in Kreuzberg getanzt, danach glänzte der Präsident im Smalltalk.

FLUGBEGLEITER Nach dem Tee einen Wein auf die Königin: Joachim Gauck berichtet Staatssekretär Harald Braun, was er gerade mit der Queen erlebt hat.

November 2012 / London

I. DER PRÄSIDENT
II. BÜRGER GAUCK
III. EIN DEUTSCHES LEBEN

*Ein biographisches Porträt in drei Teilen – von **Jens König***

Wie das schon losging mit diesem Präsidenten. Typisch Gauck. Die Geschichte ist fast zu schön, um wahr zu sein.

Joachim Gauck steigt ins Taxi, er kommt von einer Theatermatinee in Wien, ist gerade mit dem Air-Berlin-Flug 8753 in Tegel gelandet, es ist Sonntagabend, 20.40 Uhr, er setzt sich auf den Platz hinten rechts in den VW Caddy, da meldet sich Angela Merkel auf seinem Handy. Ob er bereit sei, das Amt des Bundespräsidenten zu übernehmen. 30 Sekunden dauert das Gespräch, dann sagt Joachim Gauck: „Okay, einverstanden. Ich mach's."

Joachim Gauck atmet einmal tief durch, wendet sich an den Fahrer und sagt: „Sie fahren den neuen Bundespräsidenten."

Er ändert seine Route, das neue Ziel heißt jetzt: Willy-Brandt-Straße 1, 10557 Berlin, Bundeskanzleramt. Dort will ihn Angela Merkel der Öffentlichkeit präsentieren. Der Taxifahrer gibt Gas. „Wegen mir müssen Sie nicht rasen", sagt er. Dann ist wieder Ruhe. Nur eine leise Stimme ist zu hören. Joachim Gauck telefoniert mit seiner Frau Daniela. „Du, es ist so weit."

Es ist eine Szene wie aus einem Helmut-Dietl-Film. Der Bundespräsident in spe telefoniert mit der Bundeskanzlerin, der erste Mann und die erste Frau im Staate, wäh-

FREUNDE FÜRS LEBEN Mit Burkhard Schliephake ist Joachim Gauck seit seiner Kindheit befreundet. Gemeinsam lernten sie auf dem Saaler Bodden segeln – und gehen noch heute gern gemeinsam auf Törn (Bild rechts).

rend der Taxifahrer nicht umhinkommt, alles mit anzuhören. Vadim Belon erzählt die Geschichte am Tag danach in allen Einzelheiten. Er kann immer noch nicht fassen, dass er einen historischen Moment aus allernächster Nähe miterleben durfte. Der Taxifahrer aus Nowosibirsk hat den Bürger Gauck fröhlich zu seiner neuen Bestimmung durch das abendliche Berlin gefahren.

Als Gauck aussteigt, 23 Euro und ein ordentliches Trinkgeld bezahlt, gibt Belon seine Zurückhaltung auf, bittet den neuen Präsidenten um ein Autogramm – auf seiner Taxilizenz. „Joachim Gauck, 19. 2. 2012" steht jetzt darauf. Ein paar Minuten später sitzt Gauck im ersten Stock des Bundeskanzleramtes, großer Pressesaal, links und rechts neben ihm die Parteiprominenz von Schwarz bis Grün. Seine grauen Haare fallen nicht so kunstvoll wie sonst, das Jackett ist zerknautscht. Müdigkeit liegt in seinen Augen. „Ich komme aus dem Flieger", sagt Joachim Gauck. „Ich bin noch nicht mal gewaschen. Es schadet auch nix, dass Sie sehen, dass ich überwältigt und auch ein wenig verwirrt bin."

Alle lachen, selbst die Kanzlerin. Es klingt wie eine Befreiung. Es ist auch eine.

Deutschland bekommt in diesem Moment einen Bürger zum Präsidenten. Einen Mann von über 70 Jahren, der so viel natürliche Autorität ausstrahlt, dass er sich sogar verwundbar zeigen kann. Er ist das Gegenstück zu Christian

Wulff, dem gescheiterten Bundespräsidenten a. D. Joachim Gauck sitzt da als Mensch unter lauter Politikern. Die Politiker erwarten von ihm, dass er das Amt, das seine beiden Vorgänger beinahe ruiniert hatten, schlicht und einfach rettet. Das Volk erwartet, dass er das kaputtgegangene Vertrauen zur politischen Klasse repariert. Dass er, nicht mehr und nicht weniger, die Politik insgesamt besser macht.

Es ist eine romantische, eine übertriebene Hoffnung. Deswegen hört wohl auch niemand so genau hin an diesem Abend, als Gauck auch noch sagt, man möge ihm „die ersten Fehler gütig verzeihen" und von ihm nicht erwarten, dass er „ein Supermann und ein fehlerloser Mensch" sei.

Gauck wusste schon genau, warum er darauf hinwies. Zwei Jahre zuvor hatte er sich ja schon einmal für das höchste Amt im Staat beworben. Seine Kandidatur klang schon damals wie das Versprechen auf eine bessere Welt. Die „Bild am Sonntag" hatte ihm mit einer Schlagzeile auf dem Titelblatt Obama-Status verliehen: „Yes, we Gauck". Plötzlich schien auch im nüchternen Deutschland alles möglich, sogar in der Politik, wenn nur nicht der dröge Niedersachse Christian Wulff, sondern der freigeistige Mecklenburger Joachim Gauck zum Präsidenten gekürt würde.

Wer Gauck in jenen Wochen im Sommer 2010 sprach, erlebte einen überwältigten, glücklichen Menschen. Die Be-

■ *Biographisches Porträt, Teil 2*

*„Joachim Gauck bringt ein Leben mit,
Christian Wulff eine politische Laufbahn."*

SIGMAR GABRIEL

geisterung schmeichelte ihm, na klar doch. Eitel ist er, und das nicht zu wenig. Aber er hielt diesen Überschwang auch auf Distanz, weil er wusste, dass dieser zuallererst nicht seiner Person galt. „Ich bin kein Popstar, für den eine ganze Nation schwärmt", sagte er. Gauck sah in dem kollektiven Glücksgefühl, das ihn zum „Präsidenten der Herzen" aufsteigen ließ, ein Bedürfnis nach dem ganz Anderen in der Politik: „Das ist nicht nur Gauck. Das ist die Sehnsucht der Menschen nach einem, dem sie vertrauen können, nach Verlässlichkeit und Glaubwürdigkeit. Diese Sehnsucht sucht sich ihre Wege, wo sie hinhoffen kann."
Wer genau hinsah, der konnte aber auch erkennen, dass da ein lebenskluger Mensch im Bewusstsein seiner Fähigkeiten agierte, ein Mann von 70 Jahren, der sich für geeignet und gut genug hielt, diese gestörte Kommunikation zwischen Bürgern und Politikern wieder in Gang setzen zu können – am liebsten im Schloss Bellevue, als Bundespräsident.
Angela Merkel jedoch hatte andere Pläne. Romantische Versprechen auf eine bessere Politik sind nicht so ihr Ding. Sie dachte an sich, an ihre Macht, an ihre CDU – und machte Wulff zu ihrem Bundespräsidenten. Der Rest ist bekannt.
Die Sympathiewelle jedoch trug diesen Joachim Gauck weiter durchs Land. Er war jetzt als Reisender in eigener Sache unterwegs, mit seinen Memoiren, die 2009 erschienen waren und zum Bestseller avancierten. Hunderte von Lesungen absolvierte er, stets vor ausverkauftem Haus, es waren nicht nur Lehrstunden anschaulich erzählter, persönlich durchlittener deutscher Geschichte, sondern auch Messen eines Predigers, der mit Pathos in der Stimme von Freiheit und Verantwortung redete. Da trat ein Mann des Kriegsjahrgangs 1940 auf, der ungewöhnlich offen und sehr emotional über sein Leben als Sohn, Vater, Großvater und Ehemann sprach. Über ein außergewöhnliches, intensives Leben voller Brüche, Schicksalsschläge und unerwarteter Glücksmomente.
„Wie eigentümlich, ganz und gar erstaunlich und manchmal auch geheimnisvoll", schreibt Joachim Gauck in seinen Erinnerungen über sich selbst, „dass er angekommen ist, obwohl er nie einen Fahrplan gesehen hat."
Ja, wie erstaunlich.
Das letzte Mal mit seiner Autobiographie tritt Joachim Gauck am 24. Februar 2012 öffentlich auf. Die Republik weiß seit ein paar Tagen, dass er der nächste Bundespräsident sein wird. Die Comödie Fürth platzt aus allen Nähten, sie ist restlos ausverkauft. Gauck kündigt an, dass die Lesung aus gegebenem Anlass etwas länger dauern werde. „Aber dafür verspreche ich Ihnen, ich komme nicht so schnell wieder."
Er liest das Kapitel „Gehen oder bleiben". „Es zu schreiben, hat mich viele Tränen gekostet", schickt Gauck vorweg. „Und gleich muss ich bestimmt wieder weinen."
Dann führt er seine Zuhörer in die DDR, hinein in jene Zeit, als er Pfarrer in Rostock war, in den Dezember 1987. Seine zwei erwachsenen Söhne durften nach vier Jahren Wartezeit endlich in den Westen ausreisen. Er erzählt, wie er mit seiner Frau auf Bahnsteig 9 des Rostocker Hauptbahnhofs stand, sie in Tränen aufgelöst, er ohne jede Regung eines Gefühls. Tief in ihm drin sträubte sich etwas gegen die Ausreise seiner Kinder. Er wünschte, sie würden bleiben, so wie er, und diejenigen stärken, die die Hoffnung nicht aufgaben, die die DDR verändern wollten. „Ich hatte mich gegen das Zukunftsfieber der Aufbrechenden immun gemacht und wollte die Trauer der Bleibenden nicht teilen", liest Gauck weiter. „Stattdessen erklärte ich mei-

Biographisches Porträt, Teil 2

ner Frau die Welt: ‚Von Anbeginn der Zeit gehen Kinder in die Welt hinaus, verlassen Eltern und Heimat. Was trauerst du also, wenn doch alles normal ist?'"
Seine Stimme stockt. Es kommt so, wie er es angekündigt hatte: In diesem Moment der Erinnerung überwältigen ihn die Emotionen. Tränen steigen in seine Augen; die Tränen, die er damals nicht vergossen hat. Er greift zu einem Glas Wasser, Stille, die Sekunden vergehen, ein schier endloser Augenblick.
„Das war das Resultat von langem männlichem Training", erzählt er dem Fürther Publikum, als er sich wieder gefangen hat. „Ich hatte mir die Haltung angewöhnt, dass man am besten ohne Trauer auskommt. Ich fühlte mich cool dabei. Aber als ich dieses Buch geschrieben habe, kam ich in einer Ecke meiner Seele an, wo ich vorher nie gewesen war. Erst jetzt hatte ich mich dorthin getraut und mir die Frage gestellt: Warum hast du 40 Jahre deines Lebens nicht in der Freiheit gelebt, die dir so wichtig war?"
Viele Zuhörer bekommen glasige Augen. So ein offenherziger, gefühliger Mann wird jetzt Präsident dieses Landes. Joachim Gauck weiß, dass das nicht allen gefällt. Er kennt den Vorwurf, er benutze seine Gefühle nur, um ihm genehme Stimmungen zu erzeugen. „Das Feuilleton zählt inzwischen meine Tränen", sagt er spöttisch. Und dementiert fröhlich, dass er eine Art „Emotionsplanung" betreibe.
Ende der achtziger Jahre machte er seine erste Therapie. Er war in der Krise, seine Ehe am Ende, beruflich steckte er als Pfarrer in einer Sackgasse. Die zweite Therapie folgte 20 Jahre später, als er seine Memoiren schrieb und auf den Grund seiner eigenen Ängste ging.
Das hat ihn angreifbarer gemacht – aber auch zu neuem Glück verholfen. Er versöhnte sich mit seinen vier Kindern. Er fand eine neue Frau, Daniela Schadt, eine Journalistin aus Nürnberg. Und wenn er in Rostock ist, schaut er bei Hansi vorbei, der Mutter seiner Kinder. Sie verstehen sich wieder gut; bis heute sind sie offiziell verheiratet. Die Familie hält zusammen. Joachim Gauck hat inzwischen zwölf Enkel und sechs Urenkel. Wenn sie sich alle treffen, kommen sie in Wustrow an der Ostsee zusammen, im „Haus am Deich", das Gaucks Großmutter Antonie 1936 nur ein paar Schritte vom Strand entfernt bauen ließ. „Wustrow ist für uns bis heute Ausgangspunkt und Ziel, Rückzugsgebiet und Heimat", sagt Joachim Gaucks Schwester Marianne.
Wie hatte es SPD-Chef Sigmar Gabriel im Frühjahr 2010 so schön böse ausgedrückt? „Joachim Gauck bringt ein Leben mit, Christian Wulff eine politische Laufbahn."
Ja, das trifft es wohl. Mit Joachim Gauck ist ein Erwachsener ins Schloss Bellevue gezogen.

— *Dezember 2012 / **Wismar***

LEUCHTENDES BEISPIEL Aufzeichnung der ZDF-Sendung „Weihnachten mit dem Bundespräsidenten" in der St.-Georgen-Kirche in Wismar. Zuvor ist Gauck mit „logo!"-Kinderreporterin Sieba Abadi die Interviewfragen durchgegangen.

LICHTBLICK Begrüßung nach Regieplan: Moderatorin Andrea Ballschuh nimmt das Präsidentenpaar in Empfang.

Dezember 2012 / Wismar

— *Dezember 2012 / Schloss Bellevue, Berlin*

DER VORLESER In seiner ersten Weihnachtsansprache appelliert Gauck an die Deutschen, mehr Mut und Zivilcourage zu zeigen: „In der Sprache der Politik heißt das Solidarität. In der Sprache des Glaubens Nächstenliebe. In den Gefühlen der Menschen Liebe."

Dezember 2012 / *Schloss Bellevue, Berlin* ▬

Januar 2013 / *Neujahrsempfang im Schloss Bellevue, Berlin*

PROST NEUJAHR Da es unmöglich ist, sich alle Gesichter und Namen des diplomatischen Korps zu merken, wird eine Liste geführt.

Januar 2013 / Neujahrsempfang im Schloss Bellevue, Berlin

DEFILEE Einmal Hand schütteln, ein wenig Smalltalk. Joachim Gauck bleiben beim Neujahrsempfang nur ein paar Sekunden für jeden der rund 200 Diplomaten.

— *Februar 2013 / Schloss Bellevue, Berlin*

GROSSE EHREN Ein Abendessen zu Ehren von Maestro Daniel Barenboim anlässlich seines 70. Geburtstags. Vor dem Essen gibt es Orden (Großes Verdienstkreuz mit Stern und Schulterband). Unter den illustren Gästen Joschka Fischer und die Bundespräsidenten a. D. Richard von Weizsäcker und Horst Köhler.

▬ *Februar 2013 / Schloss Bellevue, Abteilungsleiterrunde*

AM MORGEN HEITER Bei der regelmäßigen Abteilungsleiterrunde geht es nicht nur ernst zu.

Februar 2013 / *Schloss Bellevue, Abteilungsleiterrunde*

BAYERN-EXPRESS Einen Bundespräsidenten lässt man eigentlich nicht warten. Im Laufschritt eilt Horst Seehofer für das obligatorische Gruppenbild an Gaucks Seite.

Februar 2013 / *München*

LUFTHOHEIT Im Deutschen Zentrum für Luft- und Raumfahrt in Weßling verschafft sich Gauck einen Überblick über das europäische Satellitennavigationsprojekt Galileo.

Februar 2013 / Schloss Bellevue, Ordensverleihung

ORDENSBRUDER Für sein Engagement als Botschafter der Hilfsaktion „Gemeinsam für Afrika" erhält BAP-Barde Wolfgang Niedecken das Verdienstkreuz 1. Klasse. Mehr noch scheint er sich über die afrikanische Stoffpuppe zu freuen, die ihm Schüler schenken (rechts).

Februar 2013 / Schloss Bellevue, Ordensverleihung

Februar 2013 / Schloss Bellevue, Berlin

TAGESSCHAU Joachim Gauck hält seine berühmte Europa-Rede, Ulrich Deppendorf, Chefredakteur im ARD-Hauptstadtstudio, bereitet seinen Tagesschau-Bericht vor.

Februar 2013 / Schloss Bellevue, Berlin

> *„Europa braucht jetzt nicht Bedenkenträger, sondern Bannerträger, nicht Zauderer, sondern Zupacker, nicht Getriebene, sondern Gestalter."*

JOACHIM GAUCK

EUROPARAT „So viel Europa war nie! Das sagt jemand, der mit großer Dankbarkeit in diesen Saal blickt, der Gäste aus Deutschland und ganz Europa begrüßen darf!" Mit diesen Worten eröffnete Joachim Gauck seine Rede zu „Perspektiven der europäischen Idee" im Schloss Bellevue und erntete viel Lob: „Er ist angekommen im Amt", urteilte etwa der „Spiegel". Dafür, dass die Krawatte des Präsidenten stets richtig sitzt, sorgt Hausintendant Ronny Archut.

März 2013 / Äthiopien

VOLKSHELD Joachim Gauck am Grab des Theologen und Mitbegründers des ökumenischen Rates der Kirchen in Äthiopien Gudina Tumsa. Er war 1979 von der Militärjunta ermordet worden.

März 2013 / *Äthiopien*

WELTKULTURERBE Das 2500 Meter hoch gelegene Lalibela ist weltbekannt für die monolithischen elf Kirchen, die in rote Basaltlava gemeißelt wurden.

März 2013 / Äthiopien

BILDUNGSREISE Trommeln und Gesang erfüllen den Platz vor der St.-Georg-Kirche in Lalibela beim traditionellen Tanz der Mönche. Und mittendrin ein staunender deutscher Bundespräsident.

März 2013 / *Äthiopien*

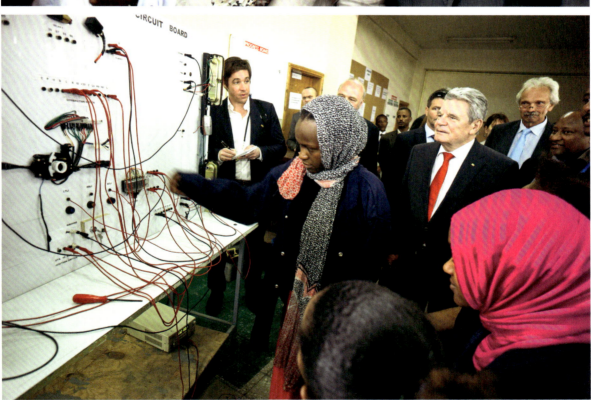

JUGEND FORSCHT In einer Berufsschule lernen junge Frauen mit deutscher Entwicklungshilfe technische Berufe. Gauck freut sich: „Nur einer gutausgebildeten Jugend wird es gelingen, zu einer Wertschöpfung vor Ort beizutragen."

FREUNDSCHAFT
Joachim Gauck und Giorgio Napolitano in Sant'Anna di Stazzema: „Hier wurde die Menschenwürde mit Füßen getreten."

24. März 2013 / Pisa, Italien

„*Wir wollen aus unserer Geschichte lernen,
wie kostbar, wie schön Menschenwürde, Menschenrechte
und Frieden sind. Und dafür zu streben und
zu kämpfen, dazu treffen wir uns hier.*"

JOACHIM GAUCK

RECHT AUF ERINNERUNG Binnen weniger Stunden hatten SS-Truppen am 12. August 1944 im italienischen Bergdorf Sant'Anna di Stazzema 560 Menschen ermordet, darunter mehr als 100 Kinder. „Das Verbrechen, das hier stattgefunden hat, darf niemand, der davon weiß, vergessen", mahnt Gauck. Gedenken sei ein sichtbares Zeichen, dass man aus der Geschichte gelernt habe: „Sie sind nicht anonyme Opfer eines anonymen Geschehens, sondern sie haben Namen und Gesichter, die wir bewahren wollen." In seiner Rede ruft er auch dazu auf, Versöhnung als ein Geschenk zu betrachten; Versöhnung meine nie und auf keinen Fall Vergessen. „Die Opfer haben das Recht auf Erinnerung und Gedenken."

IMBISS Für den kleinen Hunger zwischendurch steht in Duderstadt Suppe für Joachim Gauck und Daniela Schadt bereit.

April 2013 / *Duderstadt*

GOLDENE MITTE Alle deutschen Bundesländer wollen besucht werden. Da hat der Bundespräsident einiges zu tun. Hier zeigt er Hamburgs Bürgermeister Olaf Scholz und Honoratioren der Stadt die Richtung

April 2013 / *Hamburg*

— *Mai 2013 / Kolumbien*

VIER TAGE IM MAI Fachkundig beraten von Kolumbiens Berlin-Botschafter Juan Mayr Maldonado nascht Gauck in Bogotá Süßigkeiten. Er besichtigt das Dialyse-Forschungszentrum von Fresenius Medical Care und nimmt mit Präsident Santos Calderón militärische Ehren entgegen.

SIGHTSEEING Der Terminplan ist wieder einmal eng. Auf dem Platz vor dem Museo de Antioquia staunt Joachim Gauck über die Werke des Malers und Bildhauers Fernando Botero. Erst in einer Kapelle kommt er kurz zur Ruhe.

WEITBLICK Vom 710 Meter hohen Morro do Corcovado bekommt Gauck den richtigen Blick auf Rio de Janeiro.

Mai 2013 / *Brasilien*

— *Mai 2013 / Brasilien*

ROTKÄPPCHEN Gauck freut sich über sein Souvenir vom Zuckerhut – auf der Baseballkappe prangt vorne die Christus-Statue vom Corcovado. Und weiter geht es zum nächsten Termin …

Mai 2013 / Brasilien

EASY RIDER Gauck erfüllt den Wunsch der Motorradstaffel nach einem Erinnerungsfoto.

I. DER PRÄSIDENT
II. BÜRGER GAUCK
III. EIN DEUTSCHES LEBEN

*Ein biographisches Porträt in drei Teilen – von **Jens König***

Am 27. Juni 1951 wurde Joachim Gaucks Vater, ein Schiffskapitän, der in Hitlers Wehrmacht gekämpft hatte, vom Geburtstagstisch der Mutter weg von der sowjetischen Geheimpolizei verhaftet. Einfach so. Abgeholt. Es reichte die Willkür der neuen Machthaber. Auf der Grundlage falscher Anschuldigungen – Wilhelm Joachim Gauck soll für den französischen Geheimdienst spioniert und antisowjetische Hetze betrieben haben – wurde er zu zweimal 25 Jahren Haft verurteilt und nach Sibirien verschleppt. Erst zwei Jahre nach dem Verschwinden erhielt die Familie auf einer Postkarte aus einem Gulag am Baikalsee Nachricht von seinem Schicksal.

Der jugendliche Joachim hatte da zu Hause in Wustrow längst die Vaterrolle übernommen. 1955 kehrte der Vater, nach einem Besuch Adenauers in Moskau, wie Tausende andere Kriegsgefangene und Verschleppte heim. Er war gezeichnet, und die Familie war es auch. Der Vater war dem Sohn so fremd geworden, dass dieser ihn nach der Rückkehr nicht in den Arm nehmen konnte. Aber der Sohn wusste jetzt genau, was Unrecht ist und wer dafür die Verantwortung trägt. Mehr als 50 Jahre später wird Joachim Gauck in seinen Memoiren das Schicksal des Vaters als „Erziehungskeule" bezeichnen: „Die Pflicht zur unbedingten Loyalität gegenüber der Familie schloss auch die kleinste Form der Fraternisierung mit dem System aus. Das machen wir nicht, vermittelte uns die Mutter

ERINNERUNG Zwei Bilder aus dem privaten Fotoalbum von Joachim Gauck: rechts als junger Pastor 1967, oben 1970 bei einer Konfirmation vor der Dorfkirche Lüssow.

unmissverständlich." Fortan lebten die Gaucks in der DDR in dem Bewusstsein: Nicht die Kommunisten, sondern wir sind die Anständigen im Land. Eine Welt mit klaren Zuordnungen – aber auch einem klaren Feindbild.
Joachim wurde ein aufmüpfiger, vorlauter Schüler, er wähnte die Moral ja auf seiner Seite. Zu Hause las er die Bücher seines Vaters, Goethe, Schiller, Hesse, Rilke, er schrieb sogar selbst Gedichte. Er schloss sich weder den Jungen Pionieren noch der FDJ an – er ging stattdessen in die Junge Gemeinde. Er wollte mit den Machthabern und ihrer Weltanschauung nichts zu tun haben, und als seine Lehrer vom Faschismus erzählten, glaubte er ihnen nicht. Logen sie sonst nicht auch?

Das Schicksal seines Vaters verstellte diesem Joachim Gauck in seinem jugendlichen Hochmut hin und wieder den Blick. Er musste erst ein junger Mann werden, sein Elternhaus verlassen und Theologie studieren, um in Seminaren mehr über den Holocaust zu lernen. Um zu begreifen, dass die deutsche Kultur, die er liebte, weil er ihre Bücher las und sich in ihren Gedichten verlor, nicht verhindern konnte, dass Deutsche die Welt mit einem unvergleichlichen Massenmord überzogen. „Diese Erkenntnis", sagt Gauck später, „hat mich zutiefst erschüttert."
Sie lässt ihn bis heute nicht los. Am 7. März 2014 steht Gauck im kleinen griechischen Dorf Lyngiades vor einer kleinen Gedenktafel. Er ist hierhergekommen, um als ers-

ter Bundespräsident für die Verbrechen der Wehrmacht in Griechenland um Vergebung zu bitten, sechzig Jahre nach den schrecklichen Ereignissen. Im Oktober 1943 hatten deutsche Soldaten in Lyngiades 83 Menschen niedergemetzelt, vor allem Kinder, Frauen und Alte. „Ich schäme mich, dass Menschen, die einst in deutscher Kultur aufgewachsen sind, zu Mördern wurden", sagt Gauck zu den Dorfbewohnern, schluckt und kämpft mit seinen Emotionen.

Joachim Gauck, dieser Spezialist für Vergangenheit, hat sich lange nicht getraut, seinen Eltern, die keine Täter, aber Mitläufer des Nazi-Regimes waren, die richtigen Fragen zu stellen. Warum wart ihr in der NSDAP? Was hast du, Vater, als Soldat im besetzten Polen mitgekriegt? Was wusstet ihr von der Judenvernichtung? Die Eltern hatten immer nur gesagt, von nichts gewusst zu haben, der Vater sei während des Krieges doch gar nicht an der Front gewesen, und ansonsten geschwiegen. „Hätte ich im Westen gelebt, wäre ich einer von den wütenden Achtundsechzigern geworden", sagt Joachim Gauck. So ist es ihm immer noch ein wenig peinlich, seinen Eltern nicht offener und frecher gegenübergetreten zu sein. „Ich bin einfach nicht auf die Idee gekommen, zu meinem Vater zu sagen: Hör mal zu, Alter, du erziehst uns hier zum eigenständigen Denken, zum aufrechten Gang. Was genau lief da eigentlich bei dir?"

— *Biographisches Porträt, Teil 3*

*„Hätte ich im Westen gelebt,
wäre ich einer von den wütenden
Achtundsechzigern geworden."*

JOACHIM GAUCK

Erst Ende der siebziger Jahre, Joachim Gauck war fast 40, sah er seine Eltern das erste Mal emotional berührt vom Holocaust, es lief der amerikanische Film „Holocaust", sie weinten um das Schicksal der fiktiven jüdischen Arztfamilie Weiss.

Sein Vater hat es Joachim Gauck in vielerlei Hinsicht nicht leicht gemacht. Er war ein Seemann mit klaren Vorstellungen vom Leben, deutschnationaler Gesinnung und harter Hand. Von seinem Elternhaus in Wustrow aus konnten die Gaucks direkt aufs Meer blicken. Der Vater sagte immer: Das Meer sei etwas für Romantiker. „Wir schauen nicht aufs Meer, sondern auf die See." Romantiker waren die Gaucks nie. Sie führten ein aufreibendes Leben. Ein Seefahrer-Leben. Wie viele andere Kapitänsfamilien in Wustrow auch.

Das bedeutete in erster Linie: die Abwesenheit der Männer. „Ich bin das typische Produkt einer Familie, in der die Männer immer unterwegs waren und zu tun hatten", sagt Joachim Gauck. „In einer Seemannsfamilie ist das auf ganz natürliche Weise so." Sein Vater fuhr mit Handelsschiffen um die Welt, und später, als der Zweite Weltkrieg ausbrach, wurde er als Matrose zur Kriegsmarine eingezogen. Die Tatsache, dass Joachim in seinen ersten Kindheitsjahren fast ohne Vater aufgewachsen ist und ausschließlich von seiner Mutter und Tanten großgezogen wurde, muss ihn geprägt haben. „Meine Mutter hat ihn schwer verwöhnt, er hatte ständig Sonderrollen", erinnert sich seine jüngere Schwester Sabine. Sie glaubt, dass ihr Bruder dieses früh erprobte Verhalten, von Frauen seine Wünsche erfüllt zu bekommen, auch später, als erwachsener Mann, angewandt hat. „Er hatte eine besondere Gabe, bei anderen Hilfsinstinkte auszulösen. Es gab genügend Frauen, die darauf angesprungen sind."

Als sein Vater aus dem Krieg heimkehrte, lernte der Junge nicht nur einen Mann kennen, der Bücher las und Gedichte rezitierte, der lustig war und Harmonika spielte. Sondern auch einen strengen Herrn Vater, den er nicht „Papi" nennen durfte, der ihn und seine drei Geschwister körperlich züchtigte, dafür in ein anderes Zimmer ging, hinter sich die Tür schloss und seine Kinder nach Kräften schlug. „Ein klassischer deutscher Mann der ersten Hälfte des vorigen Jahrhunderts", wie Joachim Gauck heute mit der Erfahrung des Alters sagt. „Ein Macho vor dem Herrn. Ein sehr männlicher Mann, der seinen Sohn nicht drückte, geschweige denn küsste. So was passte nicht zu seinem unglaublich harten Leben."

Dieser deutsche Seemann Wilhelm Joachim Gauck, dem in der DDR großes Unrecht angetan wurde, gab seinem ältesten Sohn Joachim schweres Gepäck mit auf den Lebensweg: Die Herausforderung, sich von einem Opfer-Vater emanzipieren zu müssen. Und seine autoritäre Natur. Joachim Gauck wollte ein anderer, besserer Vater werden, einer, der für seine Kinder da und zärtlich zu ihnen ist. Er hat dafür viel länger gebraucht, als er sich das vorgenommen hatte. Und er hat im Laufe dieser vielen Jahre lernen müssen, wie schwer es ist, seiner Natur zu entkommen.

Er war gerade mal 20, da wurde er das erste Mal Vater. Ein Jahr zuvor hatte er geheiratet, Hansi, eine Schulfreundin. Die beiden zogen in ein kleines Kellerzimmer im Haus seiner Großmutter in Rostock-Brinckmansdorf. Sein erstes eigenes Zuhause, sein erstes Glück. Er studierte und wickelte den Sohn, wenn seine Frau im Buchladen arbeitete. Kurze Zeit später der zweite Sohn, dann die erste Tochter, die erste Stelle als junger Pastor, Umzug ins Pfarrhaus mit Plumpsklo auf dem mecklenburgischen Land. Gauck stürzte sich in die Arbeit, knatterte mit einer MZ 175, ei-

VATERGLÜCK
Joachim Gauck hält
Sohn Christian im Arm,
Dezember 1960.

■ *Biographisches Porträt, Teil 3*

FAMILIENBANDE Gauck mit Sohn Christian, 1961 an der Ostsee. Und mit allen vier Kindern 2010. Von links: Martin, Katharina, Gesine und Christian.

nem Motorrad, durch seine Gemeinde, vergaß vieles um sich herum, manchmal auch seine Familie.

„Er war selten für uns da, immer unterwegs, immer im Dienst", sagt Christian Gauck. Er ist Joachim Gaucks ältester Sohn, Jahrgang 1960, lebt in Hamburg und arbeitet als Arzt in der Orthopädie. An diesem Abend im März 2014 sitzt er in einem gutbürgerlichen Restaurant in Blankenese, direkt an der Elbe. Er ist öfter hier, wohnt ganz in der Nähe. „Wenn ich im Sommer hier am Wasser sitze, ist das für mich wie Urlaub."

Christian Gauck erzählt, wie das so war mit einem Vater, der die Kirche mitunter wichtiger nahm als die eigenen Kinder. Wie dieser die Familie, ohne sie zu fragen, vom idyllischen Land nach Rostock-Evershagen verfrachtete, in eine Neubauwüste aus Beton, weil er dort als Gemeindepfarrer zu arbeiten begann. Wie die Mutter im Plattenbau immer unglücklicher wurde und an Depressionen litt. Wie der Vater da draußen in der Republik darum kämpfte, dass die Menschen freier atmen konnten, die Familie zu Hause aber immer mehr unter Druck geriet, weil die Stasi die Telefone abhörte und den Kindern Abitur und Studium verweigerte.

„Das, was mein Vater heute so gut kann, die Menschen in den Arm nehmen – das gab es bei uns zu Hause zu selten", sagt Christian Gauck. „Diese Zuwendung, diese Warmherzigkeit hätten wir Kinder damals gebraucht."

Im Dezember 1987 stand Joachim Gauck an zwei aufeinanderfolgenden Tagen auf Bahnsteig 9 des Rostocker Hauptbahnhofs. Sein Sohn Christian machte sich auf nach Hamburg, sein Sohn Martin nach Lübeck. Beide hatten Ausreiseanträge gestellt, viereinhalb Jahre gewartet, jetzt war die Stunde des Abschieds. Als die Züge den Bahnhof verließen, löste sich die Mutter beide Male in Tränen auf.

Der Vater, der die Ausreise nicht wollte und mit seinen Söhnen darüber in Konflikt geraten war, blieb kühl. „Was trauerst du", sagte Joachim Gauck streng zu seiner Frau.

Später ging auch noch seine Tochter Gesine in den Westen. Während Pfarrer Joachim Gauck sich im Osten in die beginnende Revolution stürzte, scheiterte seine Ehe. Als die DDR dann endgültig zusammenbrach, sprang er einfach aus seinem alten Leben. Das muss so ein Seemann-Gefühl gewesen sein. Er stürmte nach Berlin, ließ seine Frau und seine jüngste Tochter zurück in Rostock, ging in die Politik, wurde Chef der Stasi-Unterlagenbehörde, verliebte sich neu. Seine Rücksichtslosigkeit verletzte die Familie. Seine erwachsenen Kinder haben in dieser Zeit versucht, mit ihm zu reden, er aber war nicht erreichbar. Er hat vieles einfach verdrängt. Seine Frau konnte ihm erst viele Jahre später verzeihen.

Er sei froh, sagt Christian Gauck, dass sein Vater die Fehler und männlichen Verhärtungen aufgearbeitet habe. Heute seien sie miteinander versöhnt. Zu Hause auf seinem Nachttisch liegen die Memoiren des Alten, darin die Widmung: „Ich bin stolz auf dich. In Liebe, dein Vater".

Das Buch ist vor fünf Jahren erschienen. Der Sohn liest bis heute darin, immer wieder, nur ein paar Seiten, so als müsse er sich ständig vergewissern, dass sein Vater, dieser Rostocker Seemannssohn, der fast 40 Jahre seines Lebens hinter der Mauer gelebt hat, tatsächlich Bundespräsident dieses wiedervereinigten Landes geworden ist.

„Ich bin stolz auf meinen Vater", sagt Christian Gauck. „Früher habe ich mir das versagt, weil man in der DDR ja auf alles Mögliche stolz sein sollte: aufs Land, die sozialistischen Errungenschaften, die Kartoffelernte. Aber heute denke ich: Was für eine aufregende Biographie, und du bist Teil davon. Was für eine irre, deutsche Geschichte."

SEITENEINSTEIGER Von der Dienstvilla in Dahlem geht es ins Schloss Bellevue. Büroleiterin Deike Potzel trägt Deutschlands wichtigste Aktentasche.

Juni 2013 / Schloss Bellevue, Berlin

EIN TAG IM SCHLOSS BELLEVUE
Einen typischen Tag im Leben des Bundespräsidenten gibt es nicht. Am 3. Juni 2013 etwa bereitet Heinz-Peter Behr, Leiter der Außenpolitischen Abteilung im Bundespräsidialamt, Joachim Gauck auf den Besuch des niederländischen Königspaares vor. Nach Gesprächen und Mittagessen mit den gekrönten Häuptern folgt das nächste Briefing – diesmal sitzen Büroleiterin, Staatssekretär und eine wissenschaftliche Beraterin mit am Tisch. Eine kurze Atempause bietet ein Spaziergang mit Daniela Schadt im Schlosspark. Erst am Abend, wenn Ruhe in Bellevue einkehrt, kommt der Präsident dazu, Akten zu lesen.

RUNDER TISCH Einstimmung auf den Tag. Gauck blickt auf den Leiter der Außenpolitischen Abteilung und ein Nagelrelief von Günther Uecker – ein Mecklenburger wie er.

Juni 2013 / *Schloss Bellevue, Berlin*

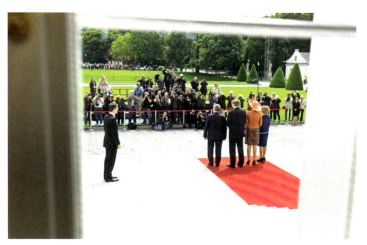

ETIKETTE Nichts bleibt dem Zufall überlassen, auch nicht die Wahl der Krawatte zu besonderen Anlässen – dafür steht Protokollchef Enrico Brissa bereit.
Im Umgang mit gekrönten und ungekrönten Häuptern braucht der Bundespräsident keinen Rat.

— *Juni 2013 / Schloss Bellevue, Berlin*

HINTER DEN KULISSEN Es gibt viel zu besprechen, etwa mit Staatssekretär David Gill, Pressesprecherin Ferdos Forudastan, Büroleiter Johannes Sturm und Beraterin Helga Hirsch. Auf dem Telefon des Präsidenten hat nicht nur der Bundesadler einen prominenten Platz – ganz oben ist Daniela Schadts Nummer eingespeichert.

PRÄSIDENTENGARTEN Die wichtigsten Ratgeber, Daniela Schadt und David Gill, haben sich um Joachim Gauck versammelt.

— *Juni 2013 / Schloss Bellevue, Berlin*

AKTENLAGE Erst am Abend findet Joachim Gauck Zeit für Korrespondenz und persönliche Notizen. Bevor der Schlossherr nach Hause fährt, schließt er die Fenster.

LAND UNTER Katastrophenalarm in Deutschland, mehr als 75 000 Helfer sind im Einsatz beim Hochwasser im Juni 2013. Der Präsident verschafft sich erst mal einen Überblick aus der Luft, dann kommt er zu den Menschen am Boden.

KRISENRAT Kein Termin wie jeder andere, kein Politiker wie jeder andere. Joachim Gauck hat immer ein offenes Ohr für die Nöte und Sorgen der Einsatzkräfte im Katastrophengebiet.
Im Hintergrund der sächsische Ministerpräsident Stanislaw Tillich im Gespräch mit Daniela Schadt.

Juni 2013 / *Hochwasser in Deutschland*

Juni 2013 / Schloss Bellevue, Berlin

TRANSATLANTISCHE FREUNDSCHAFT Arm in Arm gehen die beiden Präsidenten Barack Obama und Joachim Gauck im Park von Schloss Bellevue auf die Menschen zu. Freude allerorten.

August 2013 / *Wustrow*

WARTEN AUF GAUCK
Wo Bürgerpräsident Gauck erwartet wird, bilden sich lange Schlangen. Wie hier vor der Dorfkirche von Wustrow.

August 2013 / *Wustrow*

RADLER GAUCK
Plötzlich ist der Präsident da. Für alle völlig unerwartet, kommt er mit einem Fahrrad – ohne Schlips und Kragen. Die Bodyguards strampeln hinterher.

August 2013 / Bürgerfest im Schloss Bellevue, Berlin

BÜRGERMEISTER GAUCK Das Bürgerfest hat Tradition. 3800 Gäste kommen in den Schlosspark, wollen gucken, wo ihr Präsident arbeitet. Kinderköche, Clowns und engagierte Bürger erleben einen Präsidenten zum Anfassen.

— *September 2013 / **Paris, Frankreich***

> "
>
> *Ich darf heute Zeugnis ablegen, dass es
> ein anderes, friedliches und solidarisches Deutschland
> gibt. Und so soll es bleiben.*
>
> "

JOACHIM GAUCK

— *September 2013 / Paris, Frankreich*

VIVE LA FRANCE Gaucks Besuch in Paris beginnt mit Standards – militärische Ehren, Kranzniederlegung am Grabmal des unbekannten Soldaten und Gespräch mit dem Gastgeber. Sein schwerster Weg steht ihm da noch bevor.

September 2013 / Paris, Frankreich ▬

ABBITTE Tief bewegt und ergriffen besichtigt Gauck Oradour-sur-Glane. Minutenlang verharrt er in stiller Umarmung mit Präsident François Hollande und Robert Hébras, einem der wenigen Überlebenden des deutschen Massakers.

September 2013 / Oradour-sur-Glane, Frankreich

ORADOUR-SUR-GLANE ist ein weiteres Symbol für die Gräuel der Waffen-SS. Am 10. Juni 1944 löschten die Deutschen das Dorf 200 Kilometer nordöstlich von Bordeaux aus. Kein Bundespräsident kam je dorthin. Für das Staatsoberhaupt ist es ein schwerer Gang, der auch die Franzosen bewegt. Joachim Gauck ist tief ergriffen, als er ins Gästebuch schreibt: „Mit Entsetzen, Erschütterung und Abscheu stand ich vor dem, was hier unter deutschem Kommando geschehen ist. Demütig und dankbar habe ich die Einladung angenommen. Ich darf heute Zeugnis ablegen, dass es ein anderes, friedliches und solidarisches Deutschland gibt. Und so soll es bleiben."

ORT DER ERINNERUNG Charles de Gaulle hatte nach dem Krieg verfügt, Oradours Ruinen als ewige Mahnung stehen zu lassen.

September 2013 / Marseille, Frankreich

TOUR D'HORIZON In Marseille zieht der deutsche Präsident im gläsernen Fernsehstudio von Arte ein Resümee seiner Tour de France.

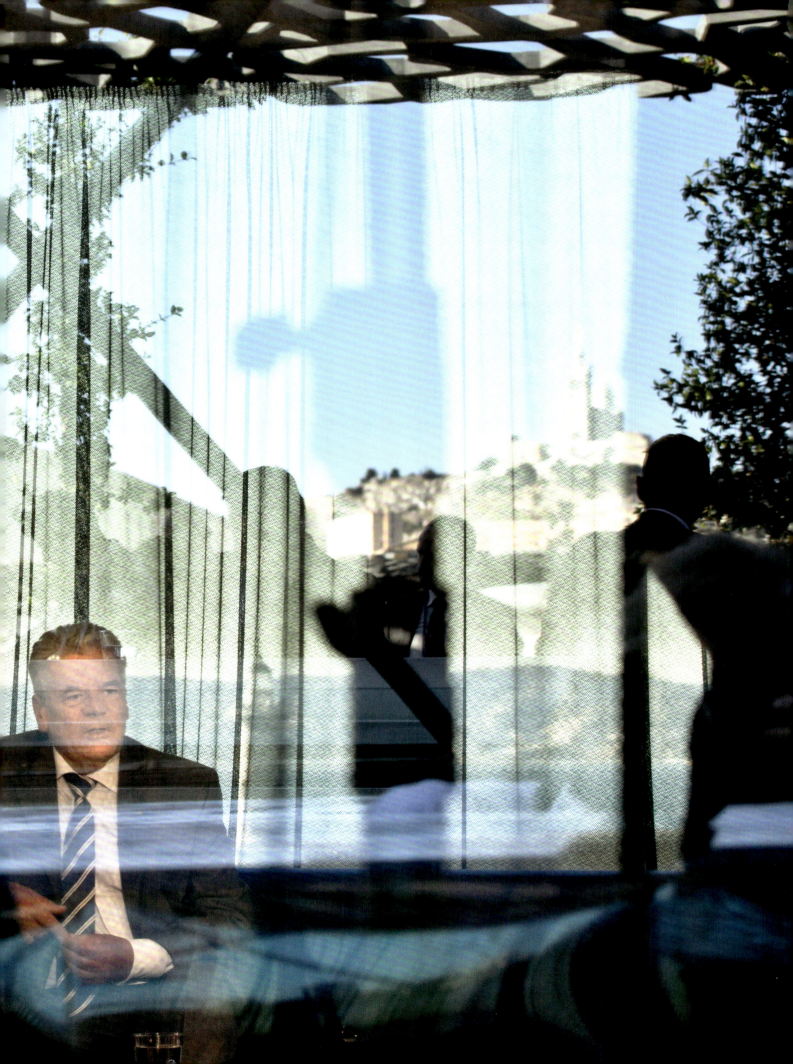

— *Oktober 2013 / Schloss Bellevue, Berlin*

TROMMELWIRBEL Das Wachbataillon macht sich vor dem Schloss bereit. Es ist immer dabei, wenn hoher Besuch mit militärischen Ehren empfangen werden muss.

Oktober 2013 / *Schloss Bellevue, Berlin*

AUFWARTUNG Neue Diplomaten in Berlin müssen sich beim Bundespräsidenten vorstellen, hier Kuwaits Botschafter Monther Bader Al-Eissa. Ein Beglaubigungsschreiben seiner Regierung dokumentiert die Richtigkeit der Ernennung.

DEUTSCHSTUNDE Gauck informiert sich in Friedland über die Arbeit des einstigen Durchgangslagers für DDR-Flüchtlinge.

November 2013 / *Friedland*

Dezember 2013 / Schloss Bellevue, Berlin

PFLICHT Joachim Gauck führt Angela Merkel zu ihrer offiziellen Ernennung als Bundeskanzlerin. Sie folgt schweigend.

Dezember 2013 / *Schloss Bellevue, Berlin*

KÜR Ihre Ernennungsurkunde in der Hand, verlässt Angela Merkel den Großen Saal – fröhlich und einen Schritt voraus.

Dezember 2013 / Schloss Bellevue, Berlin

KABINETTSTÜCK Nach der Bundeskanzlerin erhalten die Minister ihre Ernennungsurkunden. Angestoßen wird mit Sekt, die versammelte Presse muss draußen bleiben.

Dezember 2013 / *Schloss Bellevue, Berlin*

ALLE JAHRE WIEDER Der Baum wird geschmückt, der Präsident gepudert, der Beraterstab gibt letzte Hinweise für die bevorstehende Weihnachtsansprache.

„EUROPA – MEHR MUT BEI ALLEN"

In seiner berühmten Europa-Rede im Februar 2013 forderte Joachim Gauck die Menschen auf, sich einzumischen und einzubringen – auch in Diskussionen mit ihm. Am 31. Mai nahmen ihn Studierende beim Wort. Und der Bundespräsident stand ihnen in Schloss Bellevue Rede und Antwort.

VON **LISA ROKAHR**

Joachim Gauck ist der Chef Deutschlands, Bundespräsident von 82 Millionen Menschen. Für die Älteren ist er der Bürgerrechtler der DDR, eine moralische Autorität.
Doch das ist 25 Jahre her. Fast eine Million der 82 Millionen Deutschen sind Jugendliche und Heranwachsende. Sie sind erst zur Wende geboren. Wer ist Joachim Gauck für die Jugend? Historische Symbolfigur? Anonymer Allerweltspolitiker? Der Fremde in Schloss Bellevue? Dorthin sind Studenten von sechs deutschen Universitäten gekommen. Seit vielen Monaten beschäftigen sie sich mit Europa. Lernen Europarecht, Menschenrechte und Politikwissenschaften. Mit Joachim Gauck haben sie gemein: Europa ist für sie nicht nur eine Theorie, sondern Herzensangelegenheit. Die europäische Gemeinschaft ist seit Gaucks Amtsantritt sein Kernthema. Mit seiner Rede zur europäischen Idee stieß er eine Debatte an, forderte mehr Vertrauen, aber auch die Stärkung von Verbindlichkeiten. Schon damals, im März 2012, in seiner ersten Rede als Bundespräsident verkündete er: „Wir wollen mehr Europa wagen!" Aber wollen wir das? Spricht er für alle Deutschen? Spricht er für die jungen Leute? Die Studenten sind gekommen, um Gauck zu sagen, was sie sich unter Europa vorstellen, was sie sich von

31. Mai 2013 / *Bellevue Forum*

der Gemeinschaft erhoffen. Die Frage, welche Bedeutung Joachim Gauck für die Jugend hat, führt schnell zu der Frage: Was wiederum bedeutet Joachim Gauck die junge Generation?

„Es ist wichtig, dass sich Europa nicht nur aus meiner Generation zusammensetzt, mit ihren längst geprägten und sehr nationalbestimmten Identitäten. Die junge Generation ist da offener, vereint schon jetzt mehr Identitäten in sich. Europa ist work in progress."
Joachim Gauck

Wer wüsste das besser als er. Europa ist nicht nur sein Thema, sondern auch das der 28 Mitgliedstaaten der Europäischen Union – mit 28 unterschiedlichen Positionen zu einer Gemeinschaft. In den zwei Jahren seiner bisherigen Präsidentschaft hat Gauck viel dazugelernt. Dass eben niemand ein Patentrezept hat, er schon gar nicht. Den Studenten begegnet er daher mit Nüchternheit. Gauck ist der erste und der letzte Mann im Staat, er maßt sich nicht an, mehr zu wissen als jeder andere Bürger. Und es gibt viel zu lernen, selbst für ihn, der etliche Arbeitstage seiner Amtszeit damit verbracht hat, mit anderen Politikern über die Ausrichtung des europäischen Bundes zu sprechen. Doch während es für Staatsmänner wie ihn vorrangig um politische Entscheidungen geht, sind es für Studenten Lebensentscheidungen. Denn wer heute aufwächst, dessen Grenzen enden nicht hinter Dresden und Saarbrücken, sondern hinter Helsinki oder Sizilien. Was noch für die Generation ihrer Eltern undenkbar war, ist heute Alltag: reisen, in welche Himmelsrichtung man möchte, ohne auch nur seinen Pass vorzeigen zu müssen. Aber ist das schon alles, was Europa auszeichnet? Die jungen Besucher im Schloss Bellevue eröffnen Gauck einen Einblick, den keine Staatstheorie und kein politischer Berater leisten kann: den Blick der nächsten Generation auf die Zukunft Europas, die Generation derjenigen, die als Europäer aufwachsen.

„Wir haben ein technokratisches Europa, kein gelebtes. Das Europaparlament hat zu wenig Einfluss, darum ist auch die Beteiligung bei den Wahlen so gering, das Interesse fehlt. Denn am Ende werden alle Entscheidungen zwischen den Kommissaren und den Länderchefs gefällt, der Bürger hat kaum Einfluss."
Jonas, 24

„Die EU muss aufpassen, damit nicht Europa die Schuld für nationale Probleme zugeschoben wird."
Richard, 26

„Europa und die EU sind für viele ein undurchsichtiges Konstrukt."
Nina, 22

Ja, ja. Gauck nickt, neigt den Kopf. Die Europäische Union schadet Europa als Gemeinschaft, das sieht er selbst – und doch sind sie untrennbar. Einerseits ist Europa Alltag, wenn es um Reisefreiheit oder Waren aus ganz Europa geht – andererseits ist Europa in der Mitgestaltung für die meisten anwesenden Studenten und viele andere Bürger nicht greifbar. Für Gauck ist das nachvollziehbar, er selbst ahnte schon in seiner Europarede die große Depression, die über der Vereinigung hängt: den Verdruss über die Brüsseler Technokraten und ihre Regelungswut, über mangelnde Transparenz der Entscheidungen und das Misstrauen gegenüber einem undurchschaubaren Netz von Institutionen. Aber ist es nicht ein gutes Zeichen, dass hier jetzt Dutzende Studenten zusammengekommen sind und sich über die Zukunft von Europa Gedanken machen? „Wir sind doch nur die Elite", sagen die und lassen es wie eine Beschwerde klingen. Denn: Wer macht eigentlich Europa?

„Niemand kann eine visionäre Politik machen, die die Bevölkerung nicht mitträgt. Zumindest die relevanten Bevölkerungsgruppen müssen mitziehen."
Joachim Gauck

„Ich würde Ihnen gerne widersprechen. Die Vision muss von unten kommen, nicht von oben."
Alex, 19

„Wir ersparen uns Frustration, wenn wir europäische Perspektiven haben, die realisierbar sind. Es ist Vorsicht angebracht, denn dort, wo Regierungskompetenzen beschnitten werden, entsteht Angst."
Joachim Gauck

Ist er das: frustriert? Zumindest vorsichtiger ist er geworden. Gauck relativiert. Während er in seiner Antrittsrede verkündete: „Wir wollen mehr Europa wagen", schrumpfte dieser Vorsatz im Laufe der Amtszeit zusammen. In seiner Europarede gestand er, dass er diesen Satz so schnell und gewiss wie damals heute nicht mehr formulieren würde. Zu euphorisch, zu unkritisch sei er. Inzwischen ist der Präsident in der Realpolitik angekommen, in der die großen Visionen dem diplomatischen Kampf um minimale Zugeständnisse gewichen sind. Und so versucht er auch die Visionen der Studenten zu erden, die einen europaweiten Diskurs fordern, eine Neuausrichtung der EU, vielleicht sogar eine Verfassung.

„Es geht nicht um die schönsten Visionen. Im politischen Geschäft geht es darum, das Machbare zu erkennen. Gute Ideen sind wichtig, aber die Umsetzung ist noch wichtiger als die Vision. Ich gehe lieber kleine Schritte mit Unterstützung, als den großen Wandel im Alleingang voranzutreiben."
Joachim Gauck

„Die Parteien in Deutschland verpassen, das Interesse für Europa zu wecken – und zwar in allen sozialen Milieus. Auch die Debatte um Europa muss demokratisiert werden."
Jonas, 24

Aber kann Demokratie eine Gemeinschaft von über 505 Millionen Menschen zusammenhalten? Was den Europäern fehlt, ist eine gemeinsame Identität. Von außen ist die Existenz eines starken Europas augenscheinlich, sei es im globalen Markt oder in der internationalen Politik. Europa zählt längst etwas auf der Welt. Nur der einzelne Europäer fühlt es nicht. Eine gemeinsame Geschichte, auf deren

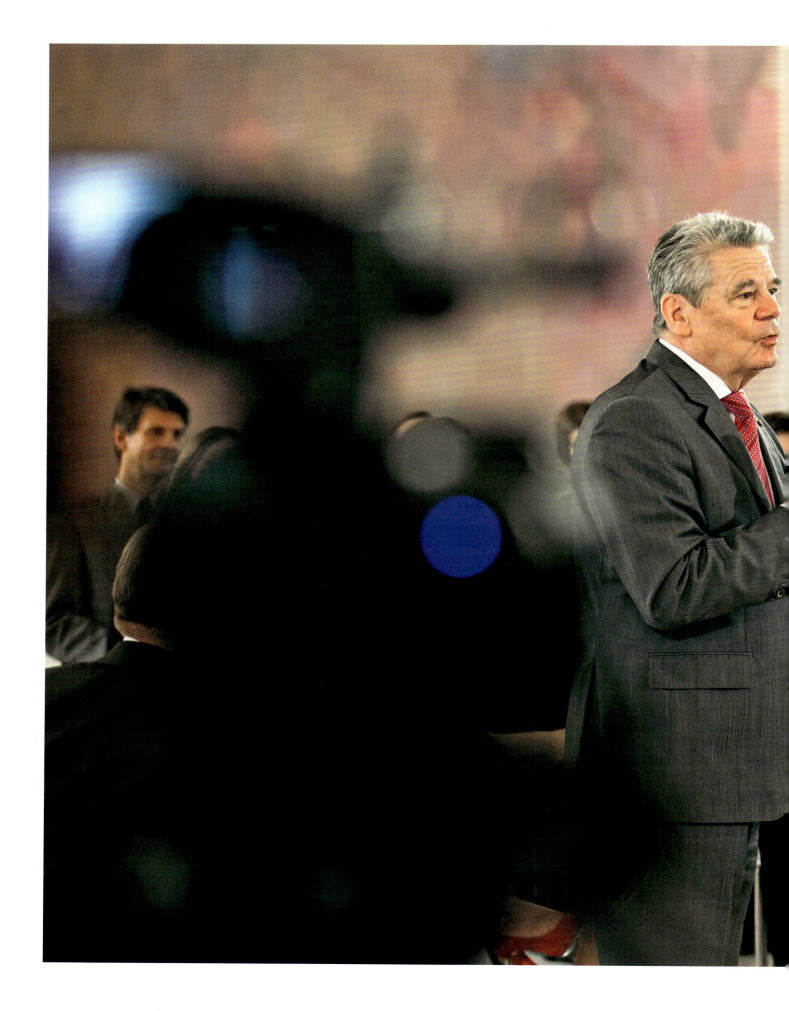

Fundament eine Identität gewachsen sein könnte, existiert nicht. Die Generation der ersten Europäer ist noch jung. Derjenigen, die ihr erstes eigenes Geld in Euro verdienten und die inzwischen selbstverständlich in Deutschland und dem Ausland studieren. Sie sitzen nun vor Gauck und sind ratlos, was sie eint mit den Millionen anderen in Europa. „Unsere europäischen Werte sind verbindlich, und sie verbinden", sagt der in seiner berühmten Europarede. Aber was ist jetzt mit den gemeinsamen Werten, wenn bei einer Europawahl in Großbritannien, Ungarn und Finnland die Rechtspopulisten erstarken, in Frankreich sogar stärkste Kraft werden: Haben wir noch gleiche Werte? Und sind wir überhaupt gleich? Denn die Ungleichheit in der Gemeinschaft, in der alle gleich sein sollten, ist längst offensichtlich: Da sind auf politischer Seite die deutsche Führungsrolle und auf wirtschaftlicher die Krisen im Süden und Osten. Während die Studenten in Deutschland ihre berufliche Zukunft gestalten, kämpfen Gleichaltrige in Südeuropa mit der hohen Jugendarbeitslosigkeit. Ist es möglich, die gleiche Identität zu teilen, wenn man sich nicht die gleiche Lebenswelt teilt?

„Die Lage ist eine existenzielle Bedrohung für das europäische Projekt. 56 Prozent der spanischen Jugendlichen sind arbeitslos, in Griechenland sogar 62 Prozent. In den Krisenländern nimmt die Emigration der Hochgebildeten zu."
Dieter, 23

„Ja, die soziale Ungleichheit, die wir im Moment in Europa haben, dürfen wir nicht dulden."
Joachim Gauck

„Hier treffen verschiedene Werte aufeinander. Wirtschaftliche Freiheit vs. demokratische Selbstbestimmung und Solidarität. Und da muss man darauf achten, dass man Europa nicht gefährdet, indem man dogmatisch den Gesetzen des Marktes folgt."
Ronny, 22

„So viele Menschen sagen schon: Das ist nicht unsere Krise, das ist die Krise der Banken."
Heidi, 24

„Ich sehe die Existenzkrise auch als Chance, uns zu fragen: Wollen wir Europa so haben, wie es jetzt ist?"
Lena, 25

„Identität entwickelt sich nicht aus Debatten, sondern aus Erlebnissen. Persönliche Erfahrungen mit Menschen aus Bulgarien, der Slowakei, Österreich oder Frankreich brauchen wir. So lernen wir Europa kennen und entwickeln gemeinsame Ideen."
Nathan, 19

Gauck macht sich Notizen, hakt nach. Er hat sich inmitten der Eurokrise ein schwieriges Thema ausgesucht. Und dennoch ist für ihn klar: Selbst wenn alle Rettungsmaßnahmen scheitern sollten, so stehe das europäische Gesamtprojekt nicht in Frage. Dass die Vereinigung von 28 Nationalstaaten nur ein wackliges Kunstgebilde sei, weist er von sich, denn auch in die Nationalstaaten mussten die Bürger erst langsam hineinwachsen. Und diese erste Generation des europäischen Bürgers, die der Bundespräsident nun vor sich hat, die würde gerne zusammenwachsen, sie weiß nur nicht recht wie.

„Ich schätze eine Zielprojektion. Aber bei den Zielen, die wir jetzt noch nicht konkret realisieren können, ist mir ein kultureller Dialog lieber."
Joachim Gauck

„Wie wäre es zum Beispiel mit einem Schulfach Europa? So könnte man Kinder früh an die europäische Idee heranführen und eine Gemeinsamkeit aller Kinder in Europa schaffen."
Laura, 26

„Ich wünsche mir, dass ein grenzüberschreitender Journalismus stattfindet. So kommen wir zu einem besseren Verständnis, was unsere Nachbarn beschäftigt."
Jacob, 23

„Das ist der Punkt: Es gibt eine Scheu vor großen Visionen, aber keine Scheu vor dem nächsten Schritt."
Joachim Gauck

Ich wage einen optimistischen Ausblick auf Europas Zukunft. Wir sind die befähigste Generation, die es je gegeben hat, mit mehr Macht ausgestattet denn je."
Franz, 19

Die Kraft und der Ansporn der Jugend ist das Wissen. Es hat eine Machtverschiebung in Europa gegeben. Dort, wo früher militärische und politische Größe Einfluss garantierten, ist es heute die Bildung. Sie garantiert die Mitgestaltung, denn das Wissen ist grenzüberschreitend – seien es nationale, religiöse, ethnische oder demographische Grenzen. Diese neue Machtkonstellation löst die Regierungen als alleinige Gestalter von Politik und Gesellschaft ab, die Zivilgesellschaft erstarkt.

Joachim Gauck hat gelernt, dass es vor allem die intransparenten Institutionen sind, die zum Verdruss über Europa führen. Denn eigentlich wird Europa längst gelebt, im Alltag ist es schon angekommen. Als der Bundespräsident in seiner Rede sagte: „So viel Europa war nie", hatte er recht. Denn für die Studenten stellt sich nicht die Frage, ob der Weg zu „mehr" Europa richtig ist, sondern nur, welchen Weg sie einschlagen. Das Bewusstsein für die neue Nation und ihre Zusammengehörigkeit ist noch nicht da. Doch Gauck ist optimistisch, dass es reifen wird. Er will noch immer mehr Europa wagen. Die Studenten haben ihm gezeigt, dass es genug Visionen gibt, und er hat ihnen gezeigt, dass sie diese auf ihre Umsetzbarkeit überprüfen müssen, damit Europa ein Erfolgsprojekt wird.

„Möge es wachsen!"
Joachim Gauck

*Februar 2014 / **Neu-Delhi, Indien***

"

Wir haben Platz in Deutschland. Deshalb warten wir auch auf Menschen aus anderen Teilen der Welt, die bei uns leben und arbeiten wollen. Darauf freuen wir uns schon.

"

JOACHIM GAUCK IN BANGALORE, ZU DEN
SCHÜLERN DER KENDRIYA-VIDYALAYA-SCHULE

— *Februar 2014 / Neu-Delhi, Indien*

LANGER WEG Bei Nieselregen macht sich der Präsident auf den Weg vorbei an der indischen Ehrengarde. In konzentrierter Runde wird der nächste Tag geplant.

Februar 2014 / *Neu-Delhi, Indien*

HANDWERK In einer Fabrik in Bangalore werden aus Kokosfasern Baustoffe. Das Projekt „From Waste to Wealth" arbeitet mit deutscher Entwicklungshilfe. Auch das Bild des Präsidentenpaares wurde auf einer nachhaltigen Kokosplatte gedruckt.

Februar 2014 / Neu-Delhi, Indien

AUF WEISSEN SOHLEN Kein Indienbesuch ohne Kranzniederlegung in der Gedenkstätte für Mahatma Gandhi. Normale Gäste müssen barfuß gehen, hohem Besuch sind weiße Frotteeschlappen gestattet.

APPELL In der Kendriya-Vidyalaya-Schule (vorherige Seite) sind Kinder und Lehrer zum traditionellen Morgengruß angetreten. Teil des Appells sind Konzentrationsübungen.

Februar 2014 / *Neu-Delhi, Indien*

GASTGESCHENK Jürgen Christian Mertens, Protokollchef des Auswärtigen Amtes, mit Gandhi-Büste unter Glas. Der Präsident freut sich.

Februar 2014 / Naypyidaw, Myanmar

DEMOKRATIE-BEWEGUNG Aung San Suu Kyi und Joachim Gauck haben sich viel zu erzählen – beide haben in ihrer Heimat für Demokratie gekämpft.

Februar 2014 / Naypyidaw, Myanmar ▬

PALAZZO PROZZO Audienz bei Präsident Thein Sein. In kleiner Runde wird über Politik und Wirtschaftshilfe gesprochen. Der Schuldenerlass für das arme Myanmar ist kein Thema mehr – der ist da bereits unter Dach und Fach.

▬ *Februar 2014 / Rangun, Myanmar*

BARFUSS STATT LACKSCHUH In der Shwedagon-Pagode werden der Legende nach acht Haare Buddhas aufbewahrt – man nähert sich ihnen auf nackten Sohlen. Mit Vertretern der Demokratiebewegung spricht Joachim Gauck über die politische Entwicklung. Im Goethe-Institut klingt der Tag mit Popmusik aus.

GLEICHSCHRITT Von den Massendemonstrationen gegen die deutsche Europapolitik ist bei der traditionellen Begrüßungszeremonie in Athen nichts zu merken.

März 2014 / Athen, Griechenland

„ Ohne verantwortungsbereite Bürger, ohne die Bürgergesellschaften in den einzelnen europäischen Staaten haben prosperierende, solidarische Gemeinwesen keinen Bestand. Europa kann nur Zukunft haben, wenn wir es wollen. Und wir sollten es wollen, da es zu unser aller Nutzen ist. "

JOACHIM GAUCK IN ATHEN

DURCHHALTEPAROLE Joachim Gauck erweist den Griechen seinen Respekt und ermutigt sie zum Weitermachen.

LICHTER MOMENT Als Ishak Kizilaslan, Imam in der Blauen Moschee, erfährt, dass Joachim Gauck früher Pastor war, strahlt er: „Dann sind wir ja Kollegen!"

April 2014 / *Istanbul, Türkei*

April 2014 / *Ankara, Türkei*

STAATSAKT Abdullah Gül rückt sich die Krawatte zurecht, bevor die Präsidenten vor die Presse treten. Danach geht es zur Huldigung des Staatsgründers Mustafa Kemal Atatürk ins Mausoleum Anıtkabir. Zu Verzögerungen kommt es, als Studenten demonstrieren und Joachim Gauck zur Sicherheit in der gepanzerten Limousine warten muss.

— *April 2014 / Kahramanmaraş, Türkei*

PATRIOTEN UNTER SICH In Kahramanmaraş isst Joachim Gauck mit Mitgliedern einer deutschen Patriot-Einheit zu Mittag. Die Bundeswehr sichert hier die türkisch-syrische Grenze mit Abwehrraketen.
In der historischen Sommerresidenz des deutschen Botschafters in Istanbul gibt es nach der Mittagsruhe türkischen Mokka.

April 2014 / Kahramanmaraş, Türkei

MEDIENRUMMEL Vor dem Lager für syrische Kriegsflüchtlinge in Kahramanmaraş spricht Joachim Gauck zur Welt: „Wir müssen uns fragen, ob wir alles tun, was möglich wäre." Es sei zwar bereits einiges geschehen, „wir dürfen aber nicht die Hände in den Schoß legen".

FLÜCHTLINGSHILFE In einer Zeltstadt bei Kahramanmaraş besucht Joachim Gauck syrische Flüchtlingskinder. 20 000 Menschen leben in dem Lager. Die Kinder begrüßen den Präsidenten aus Deutschland mit Tanz und gespielten Szenen aus ihrem Alltagsleben

April 2014 / Kahramanmaraş, Türkei

— *Mai 2014 / Theresienstadt, Tschechien*

SCHWERER GANG Mit Staatspräsident Miloš Zeman geht Joachim Gauck von den Zellen zum Mahnmal des Konzentrationslagers Theresienstadt und legt Blumen nieder. „Manchmal erscheint es wie ein Wunder, dass wir unter der Last der Erinnerungen nicht schon längst erstickt sind", sagt er. „Dass es möglich war, uns überhaupt wieder in die Augen zu schauen, überhaupt wieder miteinander zu sprechen, den Mut zu finden, im Geiste von Verständigung und Versöhnung die Geschichte als eine gemeinsame fortzuschreiben."

MANN DES VOLKES Tausende sind gekommen, um Joachim Gauck anlässlich des Gedenkens an den Kölner NSU-Anschlag 2004 beim Kunst- und Kulturfest „Birlikte" sprechen zu hören: „Dass wir alle hier sind, ist eine Botschaft an die rechtsextremen Verächter unserer Demokratie."

Juni 2014 / Kunst- und Kulturfest, Köln

TATORT KÖLN Zehn Jahre nach dem Nagelbombenanschlag durch die NSU, bei dem 22 Menschen verletzt wurden, besucht Joachim Gauck die Keupstraße – und setzt Zeichen: „Wir zeigen, wie wir in unserem Land leben wollen: respektvoll und friedlich. Wir sind verschieden. Aber wir gehören zusammen. Und wir stehen zusammen."

Juni 2014 / *Kunst- und Kulturfest*, Köln

„Von Fremdenhass getrieben, haben sie zu zerstören versucht, was uns in Deutschland wertvoll ist: das selbstverständliche Miteinander der Verschiedenen, die offene freiheitliche Gesellschaft."

JOACHIM GAUCK IN KÖLN

SPURENSUCHE Die mit 700 Nägeln gefüllte Bombe explodierte 2004 vor dem Friseursalon von Özcan Yildirim.

Juni 2014 / *Kunst- und Kulturfest, Köln*

BÜRGERNAH Beim Kunst- und Kulturfest „Birlikte" in der Keupstraße ist Joachim Gauck in seinem Element – nah bei den Menschen. Auch Schauspieler Hardy Krüger umarmt der Bundespräsident wie einen alten Freund.

— *Juni 2014 / Bayerischer Platz, Berlin*

TREUE SEELE Joachim Gauck wohnt zwar in einer Villa in Dahlem und arbeitet in einem Schloss, trotzdem bleibt er seinem Kiez in Schöneberg treu. Im Uhrenladen von Gabriela Schartner lässt er ein Familienerbstück reparieren, Pralinen kauft er immer bei „Das süße Leben" von Karin Krömer-Rüde, nach Büchern stöbert er am liebsten im „Buchladen Bayerischer Platz" von Christiane Fritsch-Weith.

DAS PROTOKOLL MUSS WARTEN

Wie lebt es sich als First Lady, wenn man weder first noch Lady sein will? Daniela Schadt kontert die gelegentlichen Zumutungen an der Seite von Bundespräsident Joachim Gauck mit Charme und feiner Ironie.

VON **FRANZISKA REICH**

Wir essen Garnelen mit irgendeinem Schaum, das Lichtermeer von Rio de Janeiro liegt zu unseren Füßen, das Schloss des deutschen Generalkonsuls thront herrschaftlich auf englischem Rasen – und sie klatscht mit tapferem Lächeln zu ohrenbetäubendem Samba und bewegt rhythmisch ihre Hüften.
Eine Stunde geht das nun schon so. Man schaut ihr zu und denkt: Wahrscheinlich findet sie das Tamtam völlig gaga.
Wir stehen herum im Sheraton in Addis Abeba, einem der wenigen Luxushotels von Äthiopien. Blumenbouquets hoch wie Strauße, Stromzäune gegen die Armut, die Gäste tragen feines Tuch für den Abendempfang, Eiswürfel klirren in den köstlichen Säften – und sie unterhält sich angeregt, wagt einen Scherz, herzlich und nett. Man schaut ihr zu und denkt: Wahrscheinlich würde sie lieber in einer der Bretterbuden jenseits des Stromzaunes sitzen und vom traditionellen Linsenbrei kosten.
Wir erschaudern ob der Macht der Pauken, der Präsident von Kolumbien gibt im Hof seines Palastes ein Tschingderassa samt militärischen Ehren – und sie steht still auf dem Podest, hat die beigefarbene Tasche zu ihren Füßen abgestellt, als warte sie am Bahnsteig auf den nächsten

AFRIKAS MUTTER TERESA
Mehr als 400 Waisenkinder leben im Armenviertel Aba Koran. Abebech Gobena (links) hat das Waisenhaus Anfang der 1980er gegründet und gilt seitdem als Nationalheldin. Zur Begrüßung von Daniela Schadt singen die Kinder „We love you".

— *Daniela Schadt*

Zug, und verfolgt den Gang ihres Mannes über den roten Teppich.
Man schaut ihr zu und denkt: Wahrscheinlich würde sie jetzt lieber das Gesicht in die Sonne halten und eine rauchen. Ohne den Firlefanz.
Daniela Schadt ist keine Frau für Firlefanz. War sie nie. Wird sie nie sein.
Doch sie ist nun mal auf Reisen mit einem nicht allzu mächtigen, aber doch sehr wichtigen Mann, dem Präsidenten der Bundesrepublik Deutschland, unserer Art König in der demokratischen Moderne.
Wenn ein König auf Reisen geht, dann folgt ihm ein riesiger Hofstaat. Das geht nicht ohne Firlefanz. Nicht ohne Bankette und Defilees, Konzerte und Fanfaren, eitle Politiker, sehr eitle Staatenlenker, sehr, sehr eitle Diplomaten, Damen vom Protokoll, Herren vom Auswärtigen Amt, Damen vom Bundespresseamt, Leibarzt, Leibwächter, Dolmetscher, eine Meute von Unternehmern (man nennt sie „Wirtschaftsdelegation"), eine Meute von Journalisten (man nennt sie „Meute") – und eben die Herzdame des Königs: Daniela Schadt, 53 Jahre alt, „Dani" genannt – Lebensgefährtin von Joachim Gauck.
Lebensgefährtin ist ein eigentümliches Wort. Altmodisch und modern zugleich. Doch gerade deshalb trifft „Lebensgefährtin" die Art der Beziehung von Daniela Schadt zu ihrem Mann und ihrer Rolle sehr genau. Vor etwas mehr als einem Jahr, als „Jochen", wie sie ihn nennt, zum Staatsoberhaupt gewählt werden sollte, da hat sie beschlossen, ihr altes Leben in Nürnberg abzulegen und fortan der Fährte seines neuen Lebens zu folgen. Sie arbeitet mit ihm in Schloss Bellevue und wohnt mit ihm in der Dienstvilla in Berlin-Dahlem. Sie begleitet ihn auf Reisen von Kolumbien bis Afghanistan. Sie zeigt hingebungsvolles Interesse für das Müttergenesungswerk und die Schirmherrschaft von „Deutschland summt" – zum Schutz der Wildbiene. Sie streichelt Kinderköpfe im Dutzend und hält Reden bei sozialen Einrichtungen, hundertfach, und bekommt dafür nicht einen einzigen Cent.
Das klingt schon sehr nach Gugelhupf und Biedermeier. Doch Daniela Schadt ist eine Frau, die die Kluft zwischen der traditionellen Rolle als Erste Gesellschaftsdame der Republik und ihrem Selbstbewusstsein als moderne Frau spielerisch überspringt. Egal ob als hofknicksendes Blümchen bei der Queen oder als teilnahmsvolle Zuhörerin im Kinderdorf in Bogotá – Daniela Schadt bleibt immer: eigen. Selbstbestimmt inmitten aller protokollarischen Vorgaben. Mit kindlicher Neugier und kritisch-ironischem Verstand.

Den Hofstaat um ihren Mann nennt sie gern „den Klops". Das Repräsentieren findet sie „drollig".
Dann legt sie das Kostüm an, geht auf die Bühne, ruft „Helau" und „Ufftata", und hinterher setzt sie die Pappnase wieder ab. So empfindet sie das. Doch in den Gesprächen mit normalen Menschen, wenn sie von ihren echten Nöten erfährt und sie von Herzen verstehen will – dann gibt sie keinen Zentimeter nach. Dann vergisst sie Zeit und Etikette. Dann muss das Protokoll warten.
Schnellen Schrittes durchmisst sie das Empfangszimmer, stürmt auf den Balkon und schüttelt kräftig die Hand. Gerade haben zwei Damen dem Bundespräsidenten Spargel, Kartöffelchen und Wurstplatte kredenzt, sie hat ihm noch kurz Gesellschaft geleistet, wie immer ohne selbst etwas zu essen, denn mittags isst sie nie. Unten liegt, gediegen

BOTSCHAFTERIN Daniela Schadt ist Unicef-Schirmherrin mit Leib und Seele.
Sie spult kein Pflichtprogramm ab, ist ehrlich engagiert und interessiert.

IMMER MITTENDRIN Daniela Schadt steht nicht am Rand, sie macht lieber mit. Hier tanzt sie mit einem Schüler der deutschen Schule in Medellín.

von Sonne beschienen, der ehrwürdige Park von Schloss Bellevue. Der Rhododendron blüht, als ginge es ums Überleben. Man fühlt sich ein bisschen gehemmt ob all der Pracht, und bei der Begrüßung stößt man in blöder Verkrampfung das Glas auf dem Tisch um. Das Wasser rinnt über die gläserne Platte, man reißt Block, Handy und Aschenbecher vom Tisch – und Daniela Schadt tut das, worin sie wirklich gut ist: Sie bricht Pracht und Peinlichkeit, wirft eine Papierserviette auf den kleinen See, lässt sich auf den gusseisernen Stuhl fallen und ruft „Sonne!" und „Endlich!". Und die Scheu zerstäubt im Sonnenlicht.

Als ein Jugendorchester im kolumbianischen Medellín zu ihren Ehren in die Vollen geht, lässt sie sich spontan zum Tanz auffordern und schwingt mit Eifer über den Platz.

Als der Bundespräsident im Salon der Regierungsmaschine so konzentriert über Freiheit, Schuld und Vergebung predigt, dass die Kaffeetasse in seiner Hand in Schieflage gerät, nimmt sie sie ihm ab und sagt lächelnd: „Schwappt." Als sie sich mit der Unicef-Repräsentantin von Kolumbien zum halbstündigen Gespräch trifft und der Militärattaché nach einer Stunde hereinkommt, um sie zum Termin mit dem Bundespräsidenten und einigen wichtigen Herren zu bitten, ruft sie: „Och, nööö! Es ist gerade so spannend. Die Herren können auch mal ganz gut ohne mich konferieren." Daniela Schadt mag weder Konvention noch Korsett. Doch anders als ihre Vorgängerin Bettina Wulff würde sie sich über all die altmodischen Reglements und Riten nie beklagen. Anders als ihre Vorgängerin findet sie stets ein freundliches Wort für die Bodyguards und das wuselnde Personal.

Anders als ihre Vorgängerin ist es ihr unangenehm, wenn sich die Kameras auf sie und nicht auf den Bundespräsidenten richten. Sie will nicht in den Vordergrund. Sie leidet nicht an ihrer Rolle als Deko-Petersilie, sie kämpft nicht dagegen. Er ist gewählt, sie Beiwerk. So sieht es die Verfassung. So sieht sie es selbst.

Früher, in ihrem ersten Leben, da radelte sie jeden Morgen von ihrer Zweizimmerwohnung in der Nähe der Nürnberger Egidienkirche in die Redaktion des Lokalblatts „Nürnberger Zeitung". Sie schrieb Kommentare über Menschenrechte in China oder den Militäreinsatz in Afghanistan. Sie war leitende Politikredakteurin, geschätzt von den Kollegen, getrieben von beherzter Energie. Daniela Schadt liebte ihren Beruf. 25 Jahre lang. Jeden Tag.

An dem Tag, als sie erfuhr, dass dieser geliebte Beruf enden würde, in der Stunde, als die Kanzlerin ihrem Jochen sagte, dass er Präsident werden solle, da saß Daniela Schadt im Großraumabteil der Österreichischen Bundesbahn auf dem Weg von Wien nach Nürnberg. Das Handy klingelte, ihre Mutter war dran und sagte, da laufe ein rotes Band mit Jochens Namen über den Bildschirm. Dann riefen Freunde an und Freundinnen und noch mehr Freunde, und weil Daniela Schadt ein rücksichtsvoller Mensch ist, verließ sie das Großraumabteil und stellte sich mit ihrem Handy vor die Klotür und lauschte dem Wahnsinn aus dem fernen Berlin. Sie fühlte, dass sich gerade ihr Leben umstülpte. Doch sie war nicht ängstlich. Eher neugierig und aufgeregt.

Es gibt ein Foto, das sie in einer Schublade ihres Schreibtisches im Schloss Bellevue aufbewahrt. Es zeigt Daniela Schadt an ihrem letzten Abend in der Redaktion. Sie hängt schlaff und in Jeans in einem ollen Drehstuhl, auf dem Tisch fliegen rechts Papiere herum, links steht ein Bildschirm und irgendwo auch eine Flasche guten alten Cognacs. Damals ist sie kräftiger, nicht dick, aber auch nicht so zierlich wie heute, ein bisschen rot im Gesicht und erschöpft um die Augen, doch sie lacht aus vollem Herzen ihrem Kollegen zu. Nette Jedermann-Frau. Keine First Lady.

First Lady. Sie mag diesen Ausdruck nicht. Sie ist nicht first. Sie ist nicht Lady. Sie ist Frau Schadt und am liebsten: mittendrin.

Als zweite Tochter von Reinhold und Doris Schadt, die eine kleine Lackfabrik besaßen, wuchs sie im hessischen Hanau auf. Ein freies Mädchen, das nicht Geige lernen musste, sondern im Wald das Herbstlaub zu Haufen türmte. Sie sprang dann mitten hinein. Sie spielte Volleyball und war vernarrt in all die Tiere, die ihre große Schwester anschleppte, selbst in die Kampfdackel, die in jede Wade bissen. Sie wuchs auf inmitten einer großen Familie aus Tanten, Onkeln, Cousins und Cousinen.

Irgendwann in den Siebzigern bemerkte sie: Die Cousins tragen Bärte und gehen auf Demonstrationen – die Onkel regen sich darüber auf. Das war der Moment, als ihr politisches Interesse erwachte. Sie begann, alles zu verschlingen, was ihr die Wirren der Welt erklären konnte. RAF. Mao. Häuserkampf in Frankfurt. Der ganze Wahnsinn der Politik. Sie wollte lesen darüber. Sie wollte schreiben dar-

Daniela Schadt

über. Und so machte sie sich also auf, die Politik zu beobachten und zu beschreiben. Meistens von ihrem Redaktionsschreibtisch aus.

Die einzige Politiker-Reise, die Daniela Schadt als Journalistin je unternahm, ging Mitte der Neunziger mit CSU-Entwicklungshilfeminister Spranger nach Albanien. Das Land durchlitt gerade großes Chaos, das Bonner Ministerium rief an und riet, Klopapier und Müsliriegel mitzunehmen. Den alten Redakteuren klang das zu nervig – und so fuhr also die Kollegin Schadt.

Müsliriegel und Klopapier in Albanien – nicht Garnelen an Schaum in Bogotá. Vor dem Tag des Amtsantritts kannte Daniela Schadt die Welt des Defilierens und Repräsentierens nicht. Sie brachte nichts an Vorbildung für ihre neue Rolle mit. Die Vorgängerinnen hatten irgendwie üben können: Bettina Wulff als gefeiertes Blondie eines Ministerpräsidenten. Eva Luise Köhler als edle Ehefrau eines IWF-Chefs. Christina Rau als Enkelin des einstigen Bundespräsidenten Gustav Heinemann und als versierte Gattin eines langjährigen Ministerpräsidenten. Christiane Herzog als Ehefrau des Präsidenten am Bundesverfassungsgericht. Daniela Schadt aber hörte zum ersten Mal von Rangordnung bei Tisch und Ehrengarde, als es ernst wurde.

Sie dachte: Da kommt jemand und erklärt mir in einer Art Grundkurs die wichtigsten Regeln. Punkt 1 bis 18: Kleiderordnung. Punkt 19 bis 35: Tischsitten. Punkt 36 bis 42: Benehmen beim Staatsbesuch. So in der Art. Aber es kam niemand. Es ging einfach los. Zur Queen ein Kleid mit Ärmeln, aber kein Kostüm. Niemals großes Karo oder zu grelle Farben. Niemals rauchen in der Öffentlichkeit. Small Talk, aber nicht zu oberflächlich. Witzchen, aber nicht zu albern. Persönlich, aber nicht zu offen. Es gibt kein festgeschriebenes Gesetz für das Verhalten der Bundespräsidenten-Frauen. Doch es gibt eine Flut an Erwartungen zu milder Wohltätigkeit und schickem Auftritt – und ebenso viele Gelegenheiten zum Fauxpas.

Im ersten Jahr hat sie sich in keinem der Fallstricke verheddert. Sie hat gelächelt und charmiert und sich tatsächlich für die Merkwürdigkeiten des neuen Ambiente interessiert. Doch wie lange kann sie den spielerischen Umgang mit ihrer neuen Rolle beibehalten? Ganze fünf Amtszeitjahre lang? Oder prägt ein Amt den Menschen nicht doch immer mehr als der Mensch das Amt? Kann man fünf Jahre lang First Lady sein, ohne sich wie eine zu fühlen?

Kann man fünf Jahre lang First Lady sein, ohne sein nettes Lieschen-Ich zu verlieren?

Sie selbst sagt, sie sei nicht der Mensch, der sich aufs Sofa setzt, den Bauchnabel anstarrt und überlegt: „Wie wird es wohl werden?" Daniela Schadt ist kein Mensch, der zweifelt, keiner, der hadert. Sie nimmt am liebsten den geraden Weg zum Ziel. Ohne Wenn und Vielleicht.

So war es auch 1999 an jenem Abend im November, als sich die Redakteurin Daniela Schadt auf den Weg ins Nürnberger Caritas-Pirckheimer-Haus machte. Der Bundesbeauftragte für die Stasi-Unterlagen war aus Berlin gekommen, um eine Ausstellung zum Thema Staatssicherheit zu eröffnen. Sie selbst hatte die DDR nie besucht. Heute sagt sie, sie schäme sich für ihre Ignoranz gegenüber dem Land, das ihren Liebsten so stark prägte. Damals schien es ihr langweilig und fern.

Und so saß sie also im Saal und verfolgte den Auftritt von Joachim Gauck. Noch heute klingt Bewunderung durch,

„Ich bin nicht mehr in der Rolle der Kommentatorin, die politische Prozesse und Entscheidungen bewertet, ich gehe zu den Menschen und unterhalte mich mit ihnen."

DANIELA SCHADT

Daniela Schadt

wenn sie von damals erzählt: dass er es schaffte, jedem im Saal so nahe zu kommen. Dass sie alle an seinen Lippen hingen, die Honoratioren von Nürnberg, und er, der Ossi, sie so weit in ihrer Anteilnahme brachte, dass sie später nachdenklich sagten: Ja, wahrscheinlich wären wir alle SED-Mitglieder gewesen.
Nach dem Auftritt schnappte sich Daniela Schadt einen Kollegen und sagte: „Und du, du gehst jetzt noch mit Herrn Gauck und mir einen trinken" – und sie tranken zu dritt und sprachen viel, und anschließend legte sich jeder brav ins eigene Bett. Doch wenig später lud Joachim Gauck sie ein nach Berlin.

Gerader Weg zum Ziel. Ohne Wenn und Vielleicht.

Es ist sicher nicht einfach, neben einem Mann wie Joachim Gauck sein Selbstbewusstsein zu bewahren. Er besitzt 20 Jahre mehr Leben als sie. Ist noch immer verheiratet mit seiner ersten Frau Hansi. Hat vier Kinder mit ihr, zwölf Enkel, vier Urenkel auch. 20 Jahre mehr Erfahrung, Leiden, Liebe, Trennung, Brüche, historische gar. Ein Mann wie ein schinkendicker Roman, der stets so schrecklich weise spricht – so würdevoll, so gebildet, so voller Ambivalenz, so moralisch, so ... Man kann sich nicht vorstellen, dass er Sätze sagt wie: „Die Milch ist alle." Oder: „Ich will ein Eis." Die lebensschwangere Weisheit von Joachim Gauck kann erschlagen.
Manchmal, wenn er sich wieder einmal über die geistigen Serpentinen zum Wohl und Wehe der Gesellschaft windet, schaut sie ihn schräg von der Seite an. Dann umspielt dieses leicht spöttische Lächeln ihren Mund. Ein Lächeln, das Eigenständigkeit zeigt – nicht Demut.

Nein, diese Frau ist nicht immer eins mit dem Staatsoberhaupt der Deutschen. Deckungsgleiche Meinungen sind ihr suspekt. Sie mag es viel zu gern, zu widersprechen. Dann diskutieren sie. Ausgiebig und hart.
Daniela Schadt folgt der Fährte seines Lebens – in liebevollem, doch immer selbstbewusstem Abstand.
Einmal, es war an einem der warmen Abende in diesem Luxushotel in Addis Abeba, da saß die „Meute" beisammen und lauschte den Worten des Präsidenten. Er sprach mal wieder über Freiheit, Schuld und Vergebung. Daniela Schadt stand am Rand und trank ein Bier. Plötzlich verschluckte er sich an seinem Wein, bekam keine Luft. Alle Umstehenden erstarrten zu Stein.
Darf man dem König ins Kreuz hauen? Muss man gar?
Der Leibarzt wurde gerufen, und langsam bekam Joachim Gauck wieder Luft. Er wischte sich den Schweiß von der Stirn und rief: „Dani, ich gehe jetzt. Willst du noch bleiben?" Und sie entgegnete mit einem hellen Lachen: „Nein, ich komme besser mit. Nicht dass du mir noch allein in der Suite erstickst."

SELTENER MOMENT
Joachim Gauck und Daniela Schadt bei einem ihrer seltenen Spaziergänge zu zweit.

— *Epilog*

Ich bedanke mich bei der HanseMerkur Versicherungsgruppe, der VG Bild-Kunst und bei
Hubert Nienhoff/gmp Architekten für die großzügige Unterstützung
bei der Realisierung dieses Buchprojektes.

Epilog

UNTERWEGS MIT DEM PRÄSIDENTEN

VON **CHRISTIAN IRRGANG**

Das Handy klingelt. Die Nummer ist unterdrückt. „Sieht schlecht aus, Herr Irrgang, oder?" Unverkennbar, die sonore Stimme von Joachim Gauck. „Hier regnet es die ganze Zeit." Am Nachmittag sind wir in Wustrow verabredet, zu einem Segeltörn auf dem Bodden. Ein paar Stunden Freizeit, ich mit der Kamera dabei. Einer der raren privaten Momente in meinen zwei Jahren mit dem Präsidenten, der ansonsten sein Privatleben vollkommen abschirmt. Auch vor mir.
„Ich glaube, wir lassen das lieber, oder was meinen Sie?" Das darf jetzt nicht wahr sein! Im letzten Sommer hatte es schon einmal nicht geklappt. Auch da hatte am Morgen des verabredeten Tages mein Telefon geklingelt. Ein ernster Grund damals, ein Trauerfall in der Familie. Aber heute, das bisschen Regen?
„Guten Morgen, Herr Bundespräsident. Also, ich habe eben gerade mit dem Skipper telefoniert. In Wustrow klart es auf, und die Sonne kommt schon durch." Dreist geschwindelt. Das erste und einzige Mal, dass ich einen Bundespräsidenten belüge. Keine Ahnung, wie das Wetter da oben im Moment ist, aber noch einmal darf es einfach nicht schiefgehen. Es ist so selten, dass Gauck in seinem Kalender eine Lücke hat, die ihm einen Ausflug wie diesen erlaubt.

Letzte Wolkenreste am Himmel über dem Fischland, als sein Wagen am Hafen hält. Wir begrüßen uns, der Eigner vom „Butt" kommt dazu. „Moin, Jochen." – „Moin, Peter." Hätte ich mir ja auch denken können, dass die sich hier alle kennen und per Du sind. Burkhard Schliephake ist noch dabei, ein Jugendfreund von Gauck, und natürlich zwei junge Männer, die mit dem Knopf im Ohr.

So wie an diesem Nachmittag habe ich Gauck sehr selten erlebt. Der Mann aus Mecklenburg kann wortkarg sein, verschlossen bis zur Grummeligkeit, wenn die Öffentlichkeit nicht dabei ist. Wir haben den Hafen noch nicht verlassen, da sitzt er schon an der Pinne. Eine Buddel Schnaps geht rum – Manöverschluck. Der Mann am Rohr geht vor. Hier sitzt nicht der Bundespräsident im Boot, hier sitzt der Kapitänssohn, der schon als Junge stundenlang allein in seinem Holzboot kreuz und quer über den Bodden gesegelt ist. Sobald er auf dem Wasser ist, sagt er, fühle er sich völlig frei. Und wie alle Anspannung von ihm abfällt, das kann man wie in einem Zeitraffer sehen, wenn man sein Gesicht beobachtet.

Später sitzen wir bei Käpt'n Eymael vor dem Haus. Joachim Gauck lässt seinen Blick über das Wasser schweifen. „Von hier stammen die ersten Erinnerungsbilder, die meine Seele aufbewahrt", hat er geschrieben, und so wie heute hätte ich ihn gern öfter erlebt und fotografiert. Um ihn besser kennenzulernen, den Mann aus Mecklenburg, den alle Welt als den deutschen Bundespräsidenten kennt.

Epilog

AM RUDER Der Saaler Bodden bei Wustrow ist Joachim Gaucks Revier. Hier lernte er als Kind segeln, nur hier erlebt man den Bundespräsidenten wirklich in privater Stimmung.

— *Impressum*

Konzept und Redaktion
Wolfgang Behnken
BEHNKEN & PRINZ GmbH & Co. KG
www.behnkenprinz.com

Layout
Anna Moritzen
BEHNKEN & PRINZ

Fotos
Christian Irrgang
S. 70, 120–125 privat

Texte
Jens König
Prof. Dr. Michael Naumann
Leonard Prinz
Franziska Reich
Lisa Rokahr

Lektorat
Andreas Feßer

Litho
Edelweiß-Publish
www.edelweiss-publish.de

Projektkoordination
Dr. Marten Brandt

Druck und Bindung
optimal media GmbH,
Glienholzweg 7, 17207 Röbel/Müritz

Verlag
Edel Books
Ein Verlag der Edel Germany GmbH

Copyright © 2014 Edel Germany GmbH,
Neumühlen 17, 22763 Hamburg
www.edel.com

Alle Rechte vorbehalten. All rights reserved.
Das Werk darf – auch teilweise – nur mit Genehmigung
des Verlages wiedergegeben werden.

Printed in Germany

ISBN 978-3-8419-0261-0